JN409368

선무당 가위질

선무당 가위질

조춘호 수필집

수필과비평사

■ 책을 엮으며

퇴임 무렵 자서전을 쓰고 싶었다. 출생부터 성장과정, 정년까지 삶의 길목을 그려 내놓고 싶었다. 그러나 조지 버나드 쇼의 묘비명 "우물쭈물하다가 내 이럴 줄 알았다."처럼 되고 말았다. 하지만 퇴직 후에도 그 마음은 늘 떠나지 않았다. 65세를 목표로 했다. 이루지 못했다. 이제 고희가 되었건만 또다시 몇 년을 미루고 있다. 대신 틈틈이 쓴 내 이야기들을 정리하여 엮게 되었다.

서툴고 부족한 글로 세상에 나를 드러내놓는다는 것이 부끄럽다. 흔히들 책머리에 "벌거벗은 것처럼 부끄럽다."라는 말을 하는데 그 말이 이제 이해된다. 다독, 다작, 다상량이 되어야 좋은 글을 쓸 수 있다는 것은 알고 있지만 이 나이 되도록 나는 그 바탕이 없다.

3년 전, 김이경 작가님이 이끌어 준 덕에, 1부 아버지에 대한 사모와 가슴 저리게 그리운 어머니부터 5부 교직 단상에 이르기까지 신변잡기 같은 글이나마 내놓게 되었다.

어쭙잖은 이 글을 읽는 분들께 정말 죄송한 마음이다.

2017. 고희를 보내며

조춘호

CONTENTS

조춘호 수필집
선무당 가위질

1부
그리움 따라

2부

행복해지고 싶은 날

3부

작은 부끄러움

4부

만추의 마음으로

5부

교직의 흑백사진

1부

그리움 따라

나눔의 둥지 고향집

'나눔과 베풂.' 흔히 듣는 아름다운 말이다. 의미는 좀 다를지 몰라도 요즘은 영어 Share, Shared로도 부쩍 많이 쓰고 있다. 이런 대목을 보면 나는 지난날 우리 집 모습이 파노라마처럼 오버랩 된다.

내가 열다섯 살 때, 할머니는 81세에 돌아가셨다. 1962년 당시 우리나라 평균수명이 54세였다니까 대단한 장수라고 했다. 그때까지 나는 할머니 방에서만 잤다. 할머니가 쓰시는 안방은 단둘이 자는 방이 아니고 수시로 남들이 와서 함께 잤다.

그들은 '코빵빵이'라고 불리는 팔봉산 아래 절의 보살을 비롯해서 어둑어둑할 무렵이면 머리에 필목 보따리를 이고 들어오는 아낙 상인들이었다. 그들은 이집 저집 방문판매를 하다가 해가 지면 할머니 방에 서슴없이 짐을 내려놓았다. 어머니가 차려주는 저녁을 함께 먹은 후 밤에는 우리 식구들이 알지 못하는 세상 돌아가는 이야기를 들려주었다. 그리고 등잔불 아래 큼직한 보따리를 끌러 보였다. 차곡차곡 개어진 색깔 곱고 반질반질한 비단이 펼쳐지는 것은 큰 구경거리였다. 나는 그 시간이 기쁘고 좋았다. 그렇게 우리 식구와 어울리다가 스스럼없이 할머니 옆 잠자리에 드는 그들은 어린 마음에 영락없이 가까운 친척 같았다.

이튿날 우리 식구와 함께 아침을 먹고 그들은 다시 비단 보따리를 이고 나갔다. 또 몇 달이 지나면 다시 찾아와 묵고 가곤 했다. 마을에서는 그들을 '금학리 장사' '구도 장사'라고 지역 이름을 붙여 불렀다. 그러나 우리 식구들은 그들이 할머니를 '시엉어머니'(수양어머니), 아버지를 '시엉오빠'라고 부르기 때문에 그냥 친척처럼 여겼다.

할머니를 '시엉어머니'라고 부르는 사람은 그들뿐 아니었다. 외지에서 이사해 온 P 씨 댁도 그랬다. 동네 친구 할머니들도 있는데 유독 우리 할머니만 더 그랬던 것 같다. 나는 할머니의 하나밖에 없는 손녀라서 그들로부터 귀염을 몰아서 받았다.

우리 집은 시골집치고는 좀 커서 방이 네 개였다. 안방, 건넌방, 부엌과 대청이 딸린 사랑방, 아랫방이었다. 우리 집은 다섯 식구로 단출했지만 빈방으로 남아있을 때가 없었다. 마치 집 없는 사람이나 외지에서 오는 사람들의 몫으로 기다리는 집 같았다. 더러는 뜨내기장수들이 한 달씩 머물다 갔고, 곁방살이로도 1~2년, 혹은 수년간 살았다.

6 · 25 때 남편 잃은 미망인과 딸을 비롯해 농사를 지어 주던 가족, 팔봉국민학교의 교사들 등 셀 수가 없다.

물론 단 한푼의 세도 받지 않았다. 당시 시골에서는 방세 같은 건 받지 않는 후한 인심이었지만 남에게 방을 내줄 만한 집이 별로 흔치 않았다.

우리 집에는 자고 가지는 않아도 수시로 드나든 광주리장수도 있었다. 사람들은 '창개장사'라고 불렀다. 창개도 지역 이름이었다. 피난민인지 북한 사투리를 몹시 써서 나는 그게 신기했다. 그녀의 광주리에는 비누, 실 · 바늘, 얼레(어림)빗, 참빗 등 생필품이 들어 있었다. 손에 닿으면 타버리는 독한 양잿물도 지푸라기에 묶어서 새지 않게 조심스레 넣고 다녔다. 가게 하나 없는 시골, 장이 서는 읍내는 사십 리 밖에 있으니 꼭 필요한 장수였다. 마루에 광주리를 내려놓으면 어머니는 이것저것 골라 샀다. 그리고는 김치, 새우젓, 있는 반찬 그대로 허기진 그녀에게 밥상을 차려주었다. 갈 때는 안마당 장독대의 된장 · 고추장을 옹기에 퍼 담아 광주리 틈을 비집고 넣어 주었다.

"춘호네나 와야서리 밥 얻어먹고 가는디요, 또 이렇게…."

창개장수의 어머니에 대한 진심어린 고마움의 표정은 지금도 생생하다.

이른 봄날, 아직은 쌀쌀하던 저물녘이었다. 둥근 체 수십 개를 연결하여 등에 걸머지고 체장수 부부가 왔다. 건강하게 살라고 바우(바위)라고 이름 지은 다섯 살 된 아들도 데리고 왔다.

일 년이면 서너 번씩 철따라 오는 손님, 우리 사랑방 단골 나그네 장수였다. 우리 식구들은 그날도 반갑게 맞아주었다. 그런데 이른 새벽 집안에서 부산한 소리가 났다. 바우 동생을 낳았다는 것이다. 어머니는 조산원 노릇을 밤새껏 하신 모양이었다. 아침에 바깥마당엔 왕겨 불 연기가 나고 있었다.

"장사도 좋지만 산일이 가까우면 집에 있어야지…."

혼잣말을 하던 어머니는 그 후에도 그 방에서 출산을 몇 차례 더 도왔다.

첫아이로 산통을 겪는 산모에게는 손을 꽉 잡아주며 이런 말을 했다고 했다.

"팔봉핵교 운동장의 천 명 넘는 애덜 다 그렇게 아프구 낳았으니, 그 생각허구 참유~."

체장수가 가고 나니 질그릇 장수가 왔다. 커다란 항아리를 지게에 져다 팔았다. 그 아내는 우리 부엌에 와서 불을 때 주고 밥을 함께 먹기도 했다.

그날도 햇살이 환히 비치는 아침, 밥을 짓는 어머니와 도란도란

애기하며 불을 때고 있었다. 그런데 갑자기 기침을 하면서 독 장수는 부엌 아궁이 앞에 빨건 피를 한 사발이나 토해냈다.

외지에서 온 그녀는 아마 폐결핵 환자였었던 것 같다. 가슴에 손을 얹은 채 성급히 부엌을 빠져 나갔고 어머니는 밥을 짓다 말고 쏟아 놓고 간 핏덩이를 치워냈다. 나는 그 피가 무서워 떨었다. 그때 어머니의 표정도 그리 좋지 않아 보였다. 그러나 어머니는 그녀의 위중한 병이 걱정이라며 어두운 얼굴이 된 채 밥을 지었다.

또 우리 집은 팔봉학교로 전근해 오는 선생님들 전용 사택이었다. 타 시군은 물론 전라도에서까지 발령장을 들고 온 교사들은 십릿길을 걸어서 학교를 찾아왔다. 심심산골 학교 인근 환경을 보고 나서야 기가 차고 말이 막혔다. 무엇보다도 가족을 데리고 살 주택이 걱정이었다. 특히 처녀 교사들은 불안하고 두려웠다. 이들은 인근에 자취방은 구할 수 있는지 한심스럽게 교감 선생님에게 물어보면,

"아, 그건 걱정 안 해도 돼요."

교무실 창밖을 가리키며 교감 선생님은 아주 자신감 넘치는 말로 그들을 안심시켰다.

"학교 가깝고, 주인 좋고, 시골집치고는 괜찮은 저 대밭 집, 보이죠?"

그리고는 학교 아저씨에게 전입교사를 딸려 3백여 미터 남짓 되

는 우리 집으로 보냈다. 그렇게 와 살다가 전근되어 가고 나면 다시 새로 오는 선생님들의 사택이 되길 수십 년!

내가 5학년 때는 신혼인 K 선생님이 살았다. 남편 퇴근이 늦는 날 사모님은 우리 집에서 함께 저녁을 먹었다. 그녀는 신혼의 행복한 표정으로 안방에서 대화를 하다 남편이 와야 자기 방으로 갔다. 결혼 전 양재를 배웠다고 자랑도 했다. 어느 날 그 기술로 내 '와빠리'를 만들어 줬다.

광목천에 검은 물감을 들인 치마와 흰 저고리를 입고 학교 다니던 시절, 나는 까만 재킷에 흰 칼라가 달린 일본식 유니폼 '와빠리'로 뽐내보기도 했다.

6학년 때는 대전에서 온 P 선생님 가족이 함께 살았다. P 선생님은 1학년을 담임하면서 여섯 살 된 내 남동생을 귀엽다며 청강생으로 손잡고 다녔다. 그런데 아홉 살, 열 살배기보다도 영리하게 공부를 하니 2학년으로 진급시키겠다고 했다. 결국 동생은 12세 꼬마 중학생이 되었다.

동생을 조기입학시켜 놓고 대전으로 다시 전근해 간 선생님은 그 후도 간간 소식이 있었다. 21년 후 내가 결혼하여 대전에서 첫 살림을 할 때였다. 우리 아파트에 그 P 선생님 사모님이 찾아왔다. 우리 집에서 살 때의 추억담이 끊이지 않았다. 1950년대 교사 봉급이 박봉이었는지 성냥 한 개비 아끼느라 우리 부엌에서 불씨를 가져가고 끼니를 때웠던 이야기도 했다. 농부들 새참으로 만든 밀국(칼국수)과 막걸리가 그렇게도 맛있었다며 그 시절을 평생 잊을 수 없다고도 했다. 그러면서 그녀는 두 살 난 우리 아이를 안고 자기 입으로 밥을 꼭꼭 씹어서 먹여주고 갔다. 남편은 지금도 그때 생각하면 그게 걸린다고 말한다. 그러나 어머니로부터 받은 사랑을 갚는 방식이었을 것이다. 그 후 어머니와 나는 용두동 그 P 선생님 댁에 초대되어 칙사 대접을 받기도 했다.

중학교 때는 집을 떠나 읍내에서 하숙을 했다. 토요일 집에 와 보니 사랑방에 여선생님이 전근해 와 살고 있었다. 부부와 늙은 시어머니, 그리고 다섯 살 된 딸. 3대가 방 한 칸에 사는데 대청이 딸려 있는 방이어서 다행이었다. 시어머니의 이실직고에 의하면 자기 아들도 교사였는데 지금 며느리를 만난 후 본처와 교직을 버렸다고 했다. 전처의 딸까지 키우면서도 여선생은 사랑하는 사람과 살아서 그런지 밝은 표정으로 사람들을 대했고 시어머니인 M 할머니도 조용히 일만 하며 살았다. 며느리는 출근하고 아들은 두문불출 방밖으로 나오는 일이 없으니 오로지 부엌일과 손녀를 돌보는 일은 늙은 할머니 몫이었다.

그런데 문제는 물이었다. 1950년대 말 시골 펌프 우물은 구경도 못 했고 역시 우리 집도 펌프를 놓지 않았던 때였다. 그래도 대문 밖 몇 미터 지나 우물이 있었다. 그러나 노인은 그 물 긷는 것이

힘에 부쳤다. 보기에 사정이 딱했다. 그렇지만 양반이라는 것 하나 보고 시집왔다는 우리 어머니는 방과 대청을 거저 내 준 주인이 물까지 길어준다는 것은 아니라고 생각했다. 더구나 방안에는 젊은 아들이 있는데 말이다. 그러나 우리 아버지는 역시 어머니 예상대로의 아버지였다.

"아, 내가 좀만 힘 써주면 될걸 가지고, 뭘 그리 생각허나, 이 사람아."

아버지는 아무렇지도 않게 여 선생네가 사는 동안 기꺼이 물독을 채워줬다. 할머니는 우리 아버지와 어머니, 심지어 가끔 집에 오는 내게까지도 죄인 같은 얼굴로 어쩔 줄 몰라 했다.

그런 아버지가 여 선생네가 이사 간 이듬해 신장염으로 제대로 된 병구완도 받아보지 못하고 돌아가셨다. 어머니는 허공을 보며 한숨 섞어 혼잣말을 하셨다.

"남의 일에도 몸을 그렇게 아끼지 않더니…."

얼마 전 위기철의 ≪아홉 살 인생≫을 읽었다. 주인공 여민이 아버지가 달동네 어른들에게 물지게로 물을 길어다 주는 봉사 대목이 있었다. 그곳엔 57년 전 돌아가신 아버지가 계셨다.

고등학교 때는 전라남도에서 전근해 온 O 선생님 가족이 살았다. 딸 하나를 데리고 잘 키워보자고 전라도를 떠나 서울 가까운 쪽으로 내신을 냈건만 발령받은 곳이 충청도 서산, 서산 중에서도 후지고 후진 팔봉산 자락 학교였던 것이다. 꿈이 사라졌다. 어머니는 그들에게 객지타지 않도록 관심과 사랑을 베풀었다. 그러나 모든 걸 포기하고 1년 만에 다시 환향했다. 떠난 후 O 선생님은 장문의 편지를 보내왔다. 구구절절 어머니에 대한 감사의 편지였다. 어머니는 그 편지글에 감격하셨다.

"사람덜이 전라도 사람 워떠니 워떠니 헤두, O 선생 보면 아녀! 와서 고생만 허구 갔지…."

아랫방에는 연속해서 처녀 교사들이 자취를 했다. 간간이 남자 교사들이 찾아와 방에 머물다 가기도 했던가 보다. 어머니는 딸자식에게 하듯 훈계를 했다. 그 후 그들은 행동을 조심했다. 방학에 집에 와서 그들과 대화를 해 보면 그들은 모두 어머니의 가르침에 순복하며 감사하고 있었다.

교대를 졸업하고 나도 모교에 발령을 받았다. 전입교사가 와도 이제 학교 아저씨를 딸려 보낼 일이 없어졌다. 우리 집은 그야말로 선생들 집이 되었다. 그러나 딸이 선생이라도 어머니 몫은 여전했다. 남 교사 사모님들이 며칠 간 출타를 하는 경우에는 밥상 차려주는 일을 대신했다. 신경을 써서 찬을 만들고 상을 받쳐 주었다. 그런 어머니를 그들은 떠나고 난 뒤에도 잊지 못했다. 공주로 간 K 교사 사모님은 자기가 정성껏 만들었다며 어머니의 하얀 포플린 블라우스 두 개를 소포로 부쳐오면서 '장한 어머니상'을 받아야 한다고 편지에 덧붙였다.

결혼 후 대전을 거쳐 천안, 송탄을 거쳐 서울로 이사를 왔다. 서울에서는 초등학교 동창회가 열리고 있어서 참석했다. 동창회가 끝나고 헤어질 때였다. 우리 사랑방에 교사 남편과 살았던 여자 동창생 J가 내게 손을 내밀었다. 돈을 주는 것이었다.

"아주머니 갖다 드려. 뭐 사 잡수시라고…."

"왜 이래?"

"아주머니 은혜를 어떻게 잊어. 얼마 안 되지만 내 성의야. 꼭 전해드려."

그 다음 동창회 때는 남자 동창이 또 내게 돈을 주면서 감격스레 정중한 음성으로 말했다.

"우리 둘째 형이 조 선생네 농사지어 줄 때, 내가 형 찾아가면 아주머니가 얼마나 정성스럽게 밥을 차려 주시던지 못 잊어. 정말 잘해 주셨어."

굳이 아주머니 갖다 드리라며 삼만 원을 쥐여주던 그는 가난 때문에 초등학교도 중퇴를 했던 동창이었다. 배고플 때 아주머니의 친절한 밥상, 너무 좋은 분이었다고 회상했다.

나는 그들이 주는 돈을 받았다. 그것은 돈이 아니고 정이었다. 누군가가 우주만물은 철저한 거래의 법칙을 따르고 있다더니 그들에게 은혜로 깃든 온 마음이 거기에 있었다. 사람이 일생 살면서 사람을 감동케 하는 것은 부요나 지성이 아닌 것 같다. 순수하고 진실한 마음으로 기쁨과 괴로움을 서로 나누는Share 데에 있다고 생각해 본다.

'시엉딸'이 많았던 온정의 할머니, 자존감 높게 봉사하며 귀감이 되었던 아버지, 남을 배려하고 따뜻하게 베풀고 나누던 어머니!

이렇게 우리 집은 Shared a house라기보다는 Shared the Home, 아니 Shared a family로서 사랑과 감동을 나눴다.

그런데 그 후손인 이 딸은 그렇게 못하고 산다. 닮아 볼 수는 없을까.

눈물로 갚은 빚

아버지 기일이 돌아오고 있어서인지 어제도 잠을 못 이뤘다.

55년 전이다. 아버지는 봄부터 앓던 신장염을 끝내 이기지 못하고 내 나이 14세, 중학교 2학년 여름방학 때 돌아가셨다. 온 가족의 눈물과 통곡 속에 견우직녀도 함께 울어주듯 비가 내리는 칠석날이었다.

그동안 서산읍내 양정의원과 소문난 박 의사를 찾아 진료를 받고 약을 타다 드셔보았지만 효험이 나타나지 않았다. 어머니는 민간에 떠도는 약이란 약은 다 구해서 간병하고 할머니는 심지어 무당까지 불렀다. 여자 무당은 하룻밤 내내 대청에서 북을 두들기며 경을 읽었다. 그러나 아버지 병은 나아가는 기미가 없었다.

동네에 그나마 배우고 유식하다는 사람이 문병을 와서 아버지 병은 미국이나 가야 고칠 수 있는 병이라고 했다. 어린 마음에도 눈앞이 캄캄했다. 요즘 같으면 서울 큰 병원에 입원도 하고 투석도 할 수 있으련만, 아니 이식인들 못할까. 그러나 그때 시골에선 다 그랬다.

장례 후 윗방에 주렴을 달고 상청을 꾸몄다. 초하루 보름에는 그 상 앞에서 가족들이 삭망제를 지냈다. 매일 아침저녁 상식을 올렸다. 탈상하기까지 하루도 빠짐없이 살아계신 아버지처럼 모셨다.

오랜만에 우리 집을 찾는 손님들도 제일 먼저 아버지 상청에 절을 하는 것이 예의였다.

어느 날, 키가 자그마한 남자 손님이 왔다. 다부지게 생겼는데 구부정하게 대문을 들어서는 게 좀 이상하다는 느낌이 들었다. 옷차림도 시골 사람의 두루마기 차림이 아니었다. 양복 차림인데도 학교 선생님들이나 입는 번듯한 검정 양복도 아니었다. 어린 눈에도 좀 후줄근한 차림새다 싶었다. 그는 어머니께 간단히 목례만 하였고 어머니는 부엌문 옆에 그냥 서 계셨다. 나는 당연하다는 듯 윗방 아버지 상청으로 그분을 안내했다.

상 앞에 서는 사람들은 늘 경건한 자세로 묵묵히 절을 올렸는데 그분은 아버지 상청 앞에 서자마자 대뜸 엉엉 소리 내어 울기 시작했다.

두 번 절을 하면서도 오열을 했다. 절을 한 후에는 무릎을 꿇고

앉더니 두 손을 방바닥에 대고 고개를 숙인 채 울었다. 어찌나 슬피 우는지 등과 어깨가 들썩거리며 숨도 멎는 양했다.

어른이 체면 없이 꼭 아이들이 우는 것 같았다. 얼마나 소리가 구슬프고 큰지 꺼이꺼이 들렸다. 진정한 설움이 복받치는 듯했다.

'뉘길래 저러실까?'

그분은 그렇게 한참이나 울다가 눈물을 손등으로 닦으며 나왔다. 어머니에게 아버지 돌아가시기 전 병세를 물으면서도 흐느꼈다. 고인의 상청으로라도 찾아뵙고 용서를 빌러 왔다며 고개를 들지 못했다. 말하는 중간중간 흐느끼느라 말이 끊기곤 했다. 그런데 어머니는 별 표정이 없었다. 그냥 덤덤하기만 했다.

어머니와 많지 않은 말씀 중에 나는 그분이 '안칠근' 씨라는 걸 알 수 있었다.

'아, 안칠근! 우리 집 산의 소나무를 베어다 팔고 나무 값을 안 줬다는 그 사람.'

1945년 해방을 맞으면서 사람들은 산에 있는 나무를 마구 베어냈다. 우리 마을에서도 통나무는 뗏목으로 해서 건축현장 재목으로, 작은 나무나 가지는 장작을 만들어 화목으로 동네 앞 바다에서 배에 싣고 인천항으로 가서 팔았다. 한두 번 갔다 오면 일 년 농사와 비할 수 없는 돈벌이가 된다고 했다. 그러나 아무나 이 장사를 할 수 있는 것은 아니었다. 농사꾼들이 대도시 인천까지 왕래하며 수

지타산을 맞춰 상업을 한다는 것은 생각도 할 수 없는 버거운 일이었다.

"우리 안 씨네는 대대루 붓대만 놀려 먹구 살었대유."

늘 입에 달고 살았던 그분 형수의 말처럼 안칠근 씨도 붓대를 집던 사람이었다.

아버지는 그 안 씨의 제안을 받아 계약을 하고 사람을 사서 우리 산의 큰 소나무를 베었다. 재목을 골라내고 난 나머지 나무는 힘들여 장작을 팼다. 배에 실어 쌓아주는 일까지도 맡았다. 인천에 싣고 가서 팔고 난 후 돈을 받기로 하고 계약금도 안 받았다. 그런데 팔고 와서도 나무 값을 주지 않는 것이었다. 인천에서 덜 받아 왔다는 것이다. 다 받으면 준다 하니 그대로 믿고 기다렸다. 기다림이 너무 길었다. 그래도 악착같이 받아낼 수 있는 성품을 갖지 못한 아버지는 그가 미루는 사유를 사실로 믿으며 이제나 저제나 마냥 기다렸다.

그렇게 몇 달이 지났을 때다. 이렇다 저렇다 말 한마디 없이 그가 아예 자취를 감춰 버렸다. 사람들 말로는 인천으로 몰래 떠나버렸다는 것이었다. 어머니는 그가 약속한 것은 고사하고 사람 말을 너무 믿는 남편, 내 산의 나무 내주며 일까지 해 주고도 한 푼 못 받는 아버지가 퍽 답답했을 것이다.

어릴 적 어머니, 아버지 두 분이 말씀 나누던 소리를 나는 지금도 또렷이 기억하고 있다.

"인천 좀 한 번 찾어가보지 그류."

"어허, 가먼 뭐혀. 칠근이 그 사람 오죽 읎으면 못 주겄어."

"그레두……."

"인제 그 소리 고만허여. 우리는 그 돈 읎서두 살잖여."

그러나 몇 해를 두고 어머니의 아쉬움은 가시지 않았다. 그때마다 아버지는 달래듯 말하곤 했다.

"누가 인천꺼정 찾어가 봤댜. 그런디 사넝게 헹편 읎더라너먼."

아버지는 오히려 고생하며 산다는 그를 안타까워하는 것 같았다.

나도 인천 부둣가의 초라한 판잣집에서 살고 있다는 그 아저씨가 불쌍하다는 생각을 해보았다. 어머니도 그 말을 들은 후에는 한번도 말씀하지 않은 것으로 보아 나무 값을 포기하고 마음을 비우신 것 같았다.

그런데 어떻게 아버지의 부음이 인천까지 날아갔나 보다. 생사를 모르게 10년이 훨씬 넘도록 나타나지 않았던 그가 아버지 영전에 온 것이었다. 말로만 듣던 그분은 아버지 상청에서도, 어머니와 대화 때도 시종일관 눈물을 멈추지 않으며 꺼이꺼이 울음만 토해내고 갔다.

그 울음 속에는 숨어 살 수밖에 없었던 자신의 처지, 독촉 없이 믿음으로 기다려 준 아버지에 대한 감사, 내면에서 솟구쳐 올라오는 사죄의 토해 냄이 들어 있었을 것이었다. 어린 마음에도 그분의 울음은 돈보다 귀하게 생각되었던 것 같다.

이제 아버지는 나무 값을 모두 받았다고 생각했다. 부엌문 옆에서 계셨던 어머니도 그렇게 느끼셨을 것 같다.

"돈으로 계산하는 것만이 사람 사는 것 다가 아녀."

아버지 목소리가 들리는 것 같다. 아버지의 그런 성품을 조금이라도 닮고 있는지 기일을 앞두고 이 밤을 설친다.

어머니의 모란 머릿장

어릴 적 어머니 방에 들어가면 윗목의 까만 머릿장이 제일 눈에 띄었다. 양각 부조의 모란꽃 머릿장이었는데 어린 마음에 참 예쁘다고 생각했다.

안방을 쓰던 할머니가 돌아가신 후 그 머릿장은 어머니와 함께 안방으로 옮겨졌다. 장석으로 치장도 하지 않은 모란꽃만의 단아한 흑칠 머릿장이었다. 어떻게 모란꽃잎을 이리도 잘 나타냈을까. 송이송이 들여다보면 정말 신기했다. 살아있는 것 같았다. 사람 손으로 깎고 파내고 돌려 새기며 갈이질을 해서 그런 모란꽃을 피우다니. 친구 집에 가 봐도 어머니 머릿장처럼 그렇게 아름답고 기품을 갖춘 건 볼 수 없었다.

머릿장 윗부분에는 서랍이 네 개 달려있어 소품 수납용으로 썼다.

그러나 어머니는 좀처럼 머릿장 문은 여닫지 않았다. 안에 무엇이 들어있는지 알 수 없었다. 다만 다른 장롱보다 소중하게 여긴다는 것만은 알 수 있었다. 어느 날 호기심으로 물었다.

"이 머릿장, 어머니 시집올 때 해 온 거…?"

어머니는 대답 대신 허공을 바라보며 한숨을 쉬더니 한 서린 듯 중얼거리셨다.

"고창굴 형부, 솜씨가 좋았지…."

고창굴(고창고을) 이모라면 들은 바가 있었다. 외할머니는 첫딸 고창굴 이모를 낳고 두 번째에는 딸 쌍둥이를 낳았다. 쌍둥이 중 어머니가 언니였다. 그다음 외삼촌 둘을 낳아 5남매를 두었다. 첫딸인 큰이모는 서산군 운산면 개심사란 절 밑의 고창굴 한다리 김씨 양반 댁으로 시집을 갔다. 이모부는 글재주보다 공예가 즐거웠고 솜씨가 특출했다. 외가에 올 때는 만자무늬, 꽃, 복福자를 조각한 다식판을 만들어 가져오기도 했다. 그런 이모부는 처제인 어머니가 시집을 간다니 모란꽃 머릿장을 선물하고 싶어 했다. 혼신을 다해 만들었다.

교통수단이라야 구루마牛車밖에 없던 시절, 모란 머릿장은 운산면 이모부 집에서 외가 부석면으로, 다시 어머니의 시집 팔봉면 우리 집으로 2백릿길 넘게 실려 왔다. 큰이모는 남편이 동생에게 만들어주는 정성스런 선물을 보고 고맙고 기뻤다. 그런데 그 이모가 얼마 후 어린 남매를 두고 병을 얻어 세상을 떠났다. 그 후 새 아내를 얻어 남매를 키우던 중 이모부마저 돌아갔다. 애절함이 말할 수 없었다. 그러니 어머니는 그 장을 소중하게 여길 수밖에 없었을 것이다. 그 후, 나는 모란 머릿장 속에 무엇이 들어있는지를 어머니에게 쉽게 묻지 못했다.

고2 겨울 방학이 되어 집에 왔을 때였다. 어머니가 웬일인지 머릿장 문을 열었다. 이제야말로 그 장 속을 볼 수 있구나, 하고 바싹 다가앉았다. 어머니는 위에서부터 내용물을 꺼내 방바닥에 놓기 시작했다. 타원형 비구상 무늬의 벰베르크 보자기가 나오더니 연옥색의 비단 보자기가 나왔다. 모두 보자기에 싸여 있어서 뭔지 알 수가 없었다.

그리고 맨 밑에는 창호지 한 장이 무언지 덮고 있었다. 보물 찾듯 종이를 들쳐보았다. 어? 맨 위에 내 이름이 적힌 고등학교 반장 임명장이 보였다. 한 장 한 장 조심조심 모두 꺼냈다. 가장 밑에 깔린 것은 초등학교 1학년 빛바랜 통지표와 한자로 이름을 쓴 우등상장, 개근상장, 반장 임명장 등이었다. 수십 장이 연도별로 머릿장 속에서 붉은 도장 꽃동산을 이루고 있었다. 그중 눈길을 끄는 것은 일곱 살 때부터 받은 팔봉감리교회 주일학교 상장이었다. 이철용 총각전도사님이 만년필로 써 준 성경암송대회, 동화대회, 잉크 상장들….

어린 시절이 반짝이며 되살아났다. 차곡차곡 정리해 놓은 상장과

통지표처럼 어머니 사랑이 가지런히 모여 있었다. 딸의 앞날을 위해 간절히 빌었을 어머니의 소망과 염원인 것 같아 저절로 울먹여졌다.

가슴이 먹먹하면서도 나는 벰베르크 보자기를 가르쳤다.

“어머니, 이건 뭐래유?”

천기누설이라도 하는 듯 뜸을 들이시더니 천천히 말씀하셨다.

“네 누비 혼수이불이여. 세 살 때 만들어 두면 오래 산다고 해서….”

어머니는 18세에 시집와서 첫아들을 낳았다. 첫손자를 보는 할아버지의 배려로 인삼 든 한약을 먹게 되었다. 그러나 산모 젖줄이 막히는 돌팔이 한약이었던지 아들 넷, 딸 하나 다섯을 낳았건만 젖이 나오지 않았다. 영양실조로 돌이 되기 전 다 잃었다. 여섯 번째로 내가 태어났다. 또 죽으려니 했지만 다행히 동네에 또래가 많이 태어나 동냥젖을 먹여서 돌잔치까지 할 수 있었다. 그러나 또 죽을 것만 같아 온 식구가 벌벌 떨면서 귀하게 키웠다.

온 천하를 다 주어도 바꾸지 않을 딸에 대한 소원은 오로지 살아만 달라는 것 한 가지였다. 명이 길게, 오래 산다는 말만 들으면 무슨 방법이든 다했다. 팔봉산 절간에 팔아버리면 장수한다는 말에 절간에 파는 것도 마다하지 않았다. 그래서 그 절의 보살이 내 수양어머니였다. 그도 부족했던 것일까. 세 살 때 혼수 이불을 만들어 두면 오래 산다고 전해오는 이야기에 초록 자주 보색 물감을 명주에 들여 정성을 다해 누비이불을 만들었다. 그 혼수 이불은 어머니의 신앙처럼 머릿장 안에서 딸의 명을 지키고 있었다.

또 하나의 옥색 명주 보자기도 궁금해서 물었으나 어머니는 침묵하셨다.

"여긴 뭣이 들어 있느냐구요?"

딸의 다그치는 말에 아련하면서도 강한 어조로 나를 쳐다보지 않고 대답하셨다.

"나 죽을 때 입을 옷이여."

'그럼 수의…?'

순간 가슴이 무너졌다. 아버지 할머니가 중2, 중3 때 연이어 돌아가셨는데 어머니조차 따라서 돌아가실 것 같았다. 참담한 기분이 되었다. 입을 쑥 내민 채 아무 말도 하지 않았다. 어머니는 의외로 그 보자기를 끌러 보여주셨다. 삼베옷이 아니고 연옥색 푸른 명주 치마 저고리가 잘 개켜 있었다. 평소에 내가 좋아했던 옥색, 마냥 신선하게 설레던 옥색이 갑자기 싸한 슬픔으로 변했다. 그 옷을 바라보며 목이 메었다.

'이걸 왜 만들어 놓으셨을까…?'

낳아봤자 하나같이 돌도 되기 전 어머니의 가슴에 피멍만 남기고 가 버린 새끼 다섯이 젊은 날에 스스로 수의를 만들게 한 것일까.

여섯 번째 딸, 겨우 살아있지만 당신의 죽음을 돌볼 만큼 명 길게 살아 줄 것이란 믿음은 아예 포기하셨는지도 모른다. 남들처럼 장성한 자식들 목전에서 하직한다는 것은 꿈도 꿀 수 없었던 어머니.

그러나 내가 초등학교에 입학하던 해 어머니는 마흔둘의 노산으로 기적같이 아들을 낳으셨다. 일곱 번째였다. 온 동네가 기뻐했다. 혹여 잘못될세라 호호 불며 키웠다.

그 아들자식이 60년 넘게 어머니 머리맡에 있던 옥색 명주 수의를 백수白壽 지나 100세百壽를 보름 앞두고 하늘나라에 가실 때 입혀드렸다.

어머니가 그리도 소중히 간직했던 딸의 상장도 그 뜻을 이뤄드린 것 같다. 19년간의 학창과 교직 42년 6개월, 퇴직 후까지도 각종 상장 표창장, 위촉임명장이 남부럽잖게 책장 가득, 빼곡하게 꽂혀 있는 걸 보면 어머니의 염원대로 성실하고 힘차게 살아온 것 같다.

또한 어머니의 머릿장에서 23년 머물다 온 세 살 때의 명주이불도 내 이불장 안에서 45년 동안 병치레 없이 7순 넘도록 건강하게 살고 있는 나를 지키고 있다.

그렇게 딸의 미래 삶과 당신 자신의 죽음을 머릿장에 품었던 어머니의 간절한 염원은 지성이면 감천이라고 그대로 다 이루어진 것 같다.

어머니 인생 완주. 그 개가를 어머니 사진 앞에서 윗입술을 문 채 불러드린다.

이불에 담은 모정

올겨울은 유난히 추웠다. 36년 만에 온 강추위라고 했다. 설 명절에도 사람들은 한파 속에서 고향을 찾았다. 섣달그믐, 우리 집에도 세 아들 가족이 모여들었다. 43년 전 둘이 만나 열한 식구나 불려놓은 대가족이다. 잘 때 이부자리를 각 방마다 펴주었다. 너희들 집보다 추우니까 더 덮으라며 이불 위에 또 이불 하나씩 얹어주었다.

"세상에, 아파트에서 이불 두 개 덮는 집이 어디 있어요!"

무겁다고 여기저기서 아들 손자 항의가 들려왔다. 이렇게 겹으로 덮어 줘도 두 개의 이불장에는 아직도 이불이 그득하게 남아있다. 그 많은 이불은 다 어머니 때문이었다.

어머니는 일생 동안 죽은 자식 다섯을 가슴에 묻고 사셨다. 남편은 땅에 묻고 자식은 가슴에 묻는다는 말처럼 자식을 다섯이나 앞

세우고 눈물로 산 어머니였다. 그래도 이번에는 혹시나, 혹시나 비장의 마음으로 키웠지만 노랭이 꽃 피며 젖 없어 무참하게 가버리는 자식들을 보면 탄식도 사치였다. 그런 어머니는 임신이라면 가슴이 떨리고 죽음에 대한 공포로 결국 속앓이란 병을 안게 되었다.

여섯 번째로 내가 태어나자 죽지만 말아달라는 의미로 모두 '불출이'라는 천한 이름으로 불렀다. 그래서일까. 나는 죽지 않고 서서히 살아 주었다. 딸이면 어떠랴, 대를 못 이으면 어떠랴, 살아서 재재거리는 것만이 집안의 낙이었다. 물론 어머니에게 나는 삶의 전부이고 자존감이었다. 어린애를 업고 다니는 엄마들이 세상에서 제일 부러웠다는 어머니 소원이 이뤄지는 사이 어느 결에 속앓이가 없어졌다. 자신도 모르는 사이에 자연치유가 되었던 것이다.

그렇게 죽지 않고 산 딸이 세 살이 되었으니 좋다는 것이라면 무엇인들 못 하겠는가. 전설인지 미신인지 세 살 먹어 혼수로 누비이불을 해 놓으면 수복을 누리며 강녕하게 일생 잘산다고 떠도는 말을 어머니는 신봉했다. 내가 세 살일 때는 6 · 25가 나던 해였고 우리 집에는 재봉틀이 없었다. 다행히 우리 아랫집 김수산 교장 선생님 댁에는 재봉틀이 있어서 사모님이 기꺼이 그 일을 해줬다.

"너 세 살 때 경복어머니가 틀질해 줬지."

할머니가 손수 누에고치에서 실을 뽑고 물레를 돌려 짰다는 반질반질한 명주천. 그 명주에 초록빛과 자줏빛 물을 들이고 깃 · 동정을 달아 아주 촘촘히 누빈 여름용 이불이었다. 어머니 손수 물들였다는 그 색깔이 어찌나 곱고 아름다운지.

그러나 그 누비이불 말고 또 하나의 이불이 있었다. 열한 살에 광목 홑청으로 혼수이불을 만들어 줘야 잘산다고 전해지는 풍습을 어머니는 또 신앙처럼 믿었다. 읍내 장에 가서 광목을 필로 끊어 왔다. 그때 잿물에 광목을 삶아 바래던 어머니의 모습이 기억난다.

길고 폭넓은 광목은 집의 빨랫줄로는 감당이 안 되었던 것 같다.

어머니는 물에 흠뻑 젖은 광목을 소래기에 이고 앞동산 풀밭으로 날 데리고 갔다. 이쪽저쪽 붙잡으라며 네 귀퉁이를 맞춰 널었다.

저녁때 어머니와 함께 걷으러 가면 누렇던 광목은 햇빛을 받아 뽀얗게 빛났다. 연둣빛 방아개비 두어 마리가 멋모르고 하얀 광목에 폴짝폴짝 뛰어오르기도 했다. 나는 잡아 놀고 싶었는데 어머니는 부정이라도 타는 듯 깜짝 놀라며 광목을 털어 풀밭으로 내려놓으셨다.

악귀를 물리친다는 유래에 따라 표백광목 홑청으로 청색에다 홍색 깃을 맞추고 흰색 동정을 달아 이불을 만들었다. 겉 천은 부드러운 순 비단, 검소하기 짝이 없는 어머니였지만 손이 닿으면 찌익 붙는 소리가 나는 비싼 본견을 떴다. 거기에 뭉게구름 같은 목화솜을 고르고 골라서 집채 같은 이불을 만들어 소중하게 고이 싸 두었다.

이렇게 세 살, 열한 살에 혼수이불을 준비해 놓은 딸이 드디어

스물다섯 봄에 약혼을 했다. 어머니의 자존감을 세워 줬던 딸, 어머니 삶의 전부였던 딸. 그 딸이 건장하고 씩씩한 사람을 만나 시집을 간다니 어머니에겐 더없는 행복이며 승리의 개가였다.

결혼식은 겨울에 올리기로 했다. 어머니는 봄부터 여름, 가을 내내 혼수이불을 준비했다. 목화솜을 둔 핫이불을 네 채나 만들었다. 열한 살 때의 핫이불까지 합치면 다섯 채나 되었다. 내가 보기엔 너무 많았다.

"이 이불 다 뭐하게요?"

"혼수 이불에 짝수는 안 하는 벱法이여."

홀수로 만들자면 세 채는 적다고 했다. 시동생이 많아 내겐 손님이 많을 것이라며 보라, 자줏빛 인견문화단으로 손님용 이불도 두 채 만드셨다. 그리고 평상시 덮는 것은 부드러워야 한다고 빳빳한 광목 홑청 대신 스펀레이온 홑청을 대전에 사는 외숙모에게 주문해 사왔다. 초록색에 분홍색을 배접해 만든 스펀레이온 이불은 유난히 컸다. 이웃 아주머니들은 웬 이불이 이리도 크냐며 고래 등 같다고 했다. 사위자리가 키가 커서 크게 만들었다고 말하는 어머니는 아버지가 키가 작아서 한이 되셨는지 키 큰 것이 자랑인 듯 들렸다.

어머니의 바느질은 동네에서도 인정하는 솜씨였다. 혼수 이불에는 매듭을 지면 안 되니 실을 장가들인다고 했다. 실을 두세 발씩 길게 바늘에 꿰었다. 그래도 길게 꿴 실이 줄면 실 끝부분을 갈랐다. 그리고 다시 길게 이을 실의 한쪽 끝도 두 갈래로 갈라 먼저 실 사이에 넣어 손끝으로 비벼 꼬아 매듭 없이 실을 이었다. 신기할 만큼 감쪽같이 한 실로 이어졌다.

그렇게 하니 한 번 바늘에 실을 꿰면 이불이 다 끝나야 매듭을 짓게 되었다. 장가들인 실, 꽃 골무를 끼고 이불을 만드는 어머니 얼굴은 화사한 봄날 피어나는 꽃 같았다. 그렇게 몇 달 동안 누구의 손 하나 빌리지 않고 바늘 한 땀 한 땀 모두 어머니 혼자 하셨다.

그런데 그게 끝이 아니었다. 밝은 주황색 꽃무늬 나일론 천에 솜을 얇게 두어 차렵이불을 만들었다. '처네'라고 부르는 안팎 거죽 양쪽으로 쓸 수 있는 자그마한 이불도 만들었는데 이것은 잠을 좋아하는 딸이 낮잠 자는 데 가볍게 덮으라는 용도였다. 다음은 여름에 덮을 겹이불. 여고 시절 가사 시간에 조각 천에 수를 놓은 것이 있었는데 그 조각을 이어 솜 없이 겹으로 꾸몄다. 어머니가 바라는 홀수 아홉 채 이불이 되었다. 참 이불 종류도 많다고 생각했다. 이제 그만이지 싶었다. 그런데 당시 캐시밀론 솜이불이 처음 나오기 시작하자 읍내에 사는 작은 어머니는 빨강 노랑 꽃수를 놓은 신식 캐시밀론 이불을 조카딸 혼수로 선물하셨다. 그러고 보니 짝수가 되었다.

어머니는 가벼운 기성품 차렵이불을 한 채 더 사서 홀수를 채우셨다. 모두 열한 채. 드디어 딸의 혼수이불을 마감했다. 구색을 고루 갖춰 장롱에 차곡차곡 쌓아진 이불을 보며 어머니의 표정은 세상에 태어나 이보다 더 큰일을 이룬 게 없는 듯 행복해 보였다. 그러나 지금 생각해 보면 어머니 또래들은 이미 대여섯 번씩 한 일인데 어머니는 그런 일을 한 번밖에 해보지 못하는 아픔을 홀로 삭이고 계셨을지도 모른다.

결혼 후, 어머니가 해주신 이불을 철따라 덮었다. 손님이 와도 이부자리 걱정이 없었다. 이사를 몇 번 했다. 그때마다 많은 이불들을 보에 잘 싸서 소중하게 챙기며 싣고 다녔다.

그런데 세월이 흐르면서 난방보일러, 침대, 아파트 생활과 더불어 이불의 변화가 오기 시작했다. 밍크, 깃털, 자카드, 극세사 등 질감 좋은 기능성 이불이 수시로 등장했다. 백화점은 물론 시장의 이불 집 말고 가까운 대로변에만 나가도 형형색색 이불 천지가 되었다. 요즘은 신용카드 하나만 만들어도 이불 한 채를 선물로 주는 세상이 되었다. 그런 가볍고 부드러운 이불을 나 역시 유행 따라 사들였다.

호주로 여행 갔을 때는 양털 이불도 사들고 왔다. 그뿐인가. 아들이 장가갈 때는 사돈댁에서 임금님 곤룡포 같은 황금색 예단 이불을 맞춰 보내왔다. 또한 사촌이나 조카들 결혼에도 이불이 예물이었다. 심지어는 몇 년 전 초등학교 동창까지 외아들 결혼시킨다며 신세계 백화점 라벨이 붙은 예쁜 핑크이불을 보내왔다. 이래저래

이불 만원사례가 된 우리 집 대형 이불장 두 개는 숨바꼭질하듯 앞뒤로 꽉꽉 들어차 장롱 문이 안 닫힐 만큼 지천인 이불이 되었다.

남편은 이불장을 열 때마다 고개를 좌우로 흔들었다.

"어휴, 이불이 너무 많아. 서너 집은 너끈히 살림할 이불이야. 이렇게 이불이 많은 집은 조선 천지에 없을걸."

특히 무겁고 촌스런 옛날 이불들이 장롱에서 자리만 차지하고 있다고 곱지 않은 시선이다.

언젠가는 손님용 핫이불 두 채와 기성품 차렵이불을 필요한 사람에게 주어 장롱을 조금 헐겁게 했었다. 그러나 요즘은 이불 두 채에 만족하며 시집가던 시대와 달리 새 이불도 너무 싸고 좋아서 누구에게 줄 수도 없으려니와 필요하다는 사람도 없다.

그렇다면 다른 집들처럼 안 덮는 것 버리고 재활용 수거함에 넣어 처치하는 길뿐이다.

나도 이불장을 넉넉하고 홀가분하게 만들어 보고 싶은 때가 많다. 솜틀집에서 무거운 핫이불을 한 채 가지면 가볍고 세탁 간편한 통이불 일곱 채를 만들어 준다니 그렇게 해볼까 생각해 본 적도 있다. 그러나 생각뿐이었다. 요즘 40년 넘게 덮은 이불들은 선명하던 빛깔이 바래며 나이 든 모습으로 낡아지고 있어 그나마 다행이다.

그런데 한 번도 덮지 않은 세 살, 열한 살 적 이불은 어떻게 해야 한단 말인가? 66년 전 어머니가 싸둔 그 모습으로 장롱 밑에 오늘도

건재하고 있는 명주누비이불, 딸이 있다면 외할머니, 엄마 유물로 이어주고 싶건만 딸도 없다. 덮어보려고 해도 오랜 세월 눌려있어서인지 딱딱한 촉감에 드라이 세탁을 생각하면 엄두가 나지 않는다. 열한 살 적 핫이불도 그렇다. 주인의 사랑을 단 한 번만이라도 바라는 듯 부피도 크게 줄지 않고 위풍당당하게 5~60년 자리를 차지하고 있다. 몇 차례 이불보를 풀러 펼쳐 본 때가 있었다. 그러나 광목 홑청을 뜯어내 빨고 풀 먹이고 손질해 다시 꿰맬 것을 생각하니 아무래도 자신이 없었다. 다시 싸두었다. 그러니 어찌 이불장이 줄어들겠는가.

주위 사람들은 용기 있게 버려라, 버리면 편하다고 부추긴다. 아무리 어머니 사랑이라지만 이불은 이불일 뿐이지 않느냐고 내 생각을 바꾸라고 말하는 사람도 있다. 그러나 나의 귀에는 스쳐가는 말이다. 딸의 이불에 바친 어머니 혼신을 다한 정성, 그것을 버리거나 해체할 수 없다. 나는 나를 안다.

'어떤 충고 어떤 방법도 내 마음을 움직일 수 없다는 것을. 많아서 힘겨워도 내가 사는 동안에는 어머니의 이불지킴이로 살 것이라는 것을. 내 인생 마감하는 날 새 이불 두 채도 나와 동행하는 운명이 되리라는 것을.'

딸이 안쓰러워서

전세를 살다가 반지하 방이 있는 2층집을 마련하여 살 때였다. 위층에는 우리가 살고 반지하방은 젊은 부부가 남매를 키우는 가정에 세를 놓았다. 아이들 엄마가 전업주부였기에 낮에 빈집을 잘 봐달라는 조건으로 월세도 시세보다 싸게 받았다. 그녀는 남편을 아침 일찍 공장에 출근시키고 어린 아들딸 둘을 깔끔하게 키웠다. 세도 싼데다 온 종일 주인 없는 빈 집이 자유로워서인지 제 집처럼 만족해했다. 퇴근 후 시장에 들러 찬거리 가방을 양손에 들고 대문에 들어서는 나는 문을 열어주는 그녀의 해맑고 평안한 얼굴이 보기 좋았다.

그 시절 나는 심신의 여유가 없이 살았다. 아침 출근 시간은 더욱 그랬다. 잠이 유독 많은 내가 일찍 일어나지 못하는 것이 가장 큰 이유기도 했지만 아들 세 놈 챙기랴, 화장품 찍어 바르랴, 1분이 금쪽보다 더 귀했다.

친정어머니가 밀린 살림 정리를 해주러 간간이 와서 며칠씩 머물다 가셨다. 그때마다 어머니는 딸의 허둥대며 사는 모습에 마음 아파했다. 아침도 뜨는 둥 마는 둥하며 집을 뛰쳐나가는 딸의 모습에 한숨까지 쉬실 때가 있었다.

"내가 뭣하러 널 가르쳐 놔가꾸, 그 존 잠두 뭇 자구…."

딸이 출근한 후 어머니는 아랫방여자와 대화를 하곤 했다. 그녀는 아이들 손잡고 도란도란 이야기를 나누며 볕 좋은 마당을 한가롭게 거닐다가 오후가 되면 시원한 방에서 애들을 양 옆에 끼고 낮잠을 잔다고 했다. 그 모습이 아침마다 애들과 법석 떨며 허둥지둥 뛰어나가는 딸에 비하면 더할 나위 없이 행복해 보인다고 하셨다.

동동거리는 딸, 어미 없는 집에 학교에서 돌아오는 어린 손자들을 생각하면 아주 눌러 살고 싶은 어머니였지만 당신 살림도 있었다. 이불빨래, 밑반찬 만들기 등이 끝나면 집으로 가야 했다. 집에 가서도 딸 생각 때문에 마음은 늘 편치 않으셨다. 그렇게 피곤하게 살다가 어디 아프지나 않을까 자나 깨나 어머닌 누나 걱정뿐이라고 동생은 말하곤 했다.

그래서 안부 전화는 늘 어머니가 먼저 걸어왔다. 통화 중 어쩌다 내 목소리가 가라앉기라도 하면 왜 목소리가 그 모양이냐며 어디 아프냐고 다그치셨다. 괜찮다고 해도 즉시 쇠꼬리를 사들고 네 시간이나 걸리는 먼 길에 버스를 타고 오셨다. 오느라 피곤도 하시련만 옷 벗자마자 부엌으로 가서 찜통을 꺼냈다. 건강이 나빠서 음성까지 이상해졌다고 믿는 어머니는 진하게 곤 쇠꼬리 국물이라도 먹이면 회복되리라고 믿는 것 같았다. 나는 어머니의 그런 정성이 오히려 속상했다. 먼 길을 한걸음에 달려온 어머니께 짜증을 부렸다.

"암 디두 안 아프다는디 웨 오세요."

어머니는 동문서답을 했다.

"그레기 웨 4년제 간다구 안 했어. 암만 어려워두 간다구 했으면 보냈지."

4년제 대학을 나온 아들은 교수가 되었기에 딸 역시 4년제를 나오기만 했다면 교수가 되었을 것이라고 믿는 어머니였다. 대학은 다 큰 애들 말귀 알아듣게 수업만 잘하면 되는데 초등학교는 천방지축 말 안 듣는 아이들 6~70명에게 시달리고 힘들어서 목청까지 가라앉았다는 것이었다.

나는 여고시절에 공주교육대학밖에 생각해 본 적이 없었다. 이왕 교대에 가려면 서울교대로 가지 그러느냐고 충고하는 선배도 있었지만 아버지 살아 계실 적 하신 말씀을 법으로 알았던 것 같다.

"춘호는 지지배니께 공주사범이나 보내야여."

그러나 어머니는 아버지 생존 시 뜻과는 상관없었다. 오로지 딸을

2년제 대학에 보냈기 때문에 피곤하게 산다며 그게 안쓰러울 뿐이었다. 교수아들은 수업 시간에 맞춰 느긋이 아침 먹고 출근하고 수업도 몇 시간 안한다니 어머니로서는 그렇게 좋아 보일 수가 없었다. 그런데 든든히 먹고 가야 어린애들과 몇 시간 이상 견뎌낼 딸은 정작 그렇질 못했다. 그래서 어지럽다고도 하고 주일날 교회에 가서까지 꾸벅꾸벅 졸다 오는 것도 만성피로 때문이라고 여겼다.

오로지 두 남매밖에 없는 자식들을 비교하며 어머니는 마음 아파했다.

아들보다 공부도 잘했던 딸이기 때문에 4년제 대학만 나왔더라면 틀림없이 대학교수가 되었을 것이라고 철석같이 믿으시던 어머니. 그 믿음과 안타까움은 돌아가실 때까지도 변함이 없었다. 지금도 내 귀엔 원망처럼 들리던 어머니 말씀이 쟁쟁하다.

"내가 뭐 알어? 지가 거기 간다니께 보냈지. 4년제 간다구 왜 안 혔느냐 말여!"

나는 화장대 앞에 걸린 어머니 사진을 바라보며 가끔씩 뜨거운 눈으로 중얼거린다.

"어머니! 2년제두 못 간 사람 많유. 난 교수 아니라구 서운했던 적 한 번두 읎섰슈."

"아버지두 안 계신디 어머니 혼저 농사져 가지구 딸 그만큼 보내줬으면 됐지 뭘! 국민 핵교 선생, 난 암치두 않구 좋기만 했단 말유!”

그래도 어머니는 액자 속에서 아쉬움을 담은 미소로 나를 바라보고 있다.

어머니의 우황청심환

1970년대 초반 라디오에선 약품 광고를 많이 했던 것 같다.

"이 소리가 아닙니다. 저 소리도 아닙니다." 보령제약의 '용각산' 광고는 지금도 내 입에서 맴돈다. 이에 못잖게 광동제약의 우황청심환도 한방의약품으로 광고를 통해 널리 알려졌다.

첫 발령지 모교에서 6학년 담임했을 때 1번이 황순웅이었는데 출석을 부르노라면 우황청심환이 먼저 떠오를 정도였다. 그러나 그 약들을 실제로 본 적은 없었다.

충남에서 경기도 평택군으로 전입해서 6학년을 담임했다. 군 미술대회에 우리 반 김경희가 학교대표로 뽑혀 인솔을 하던 날이었다.

"선생님, 저 약 먹고 왔어요."

"하필 오늘, 어디가 아파?"

아픈 게 아니고 떨리지 말라고, 진정제로 우황청심환을 먹고 왔다고 했다. 그게 그런 약이었던가? 그땐 그걸 몰랐다.

우황청심환은 소의 우황牛黃에 사향을 비롯한 30여 종이 넘는 생약으로 배제配劑한 것이다. 허준의 ≪동의보감≫ 처방으로는 우황청심환이 아니고 '우황청심원'이었다. 사도세자가 영조의 질책을 받고 우황청심원으로 화를 다스렸다는 이야기는 가슴 아픈 사연으로 전해지고 있다. 그 우황청심원은 중국에 선물로 보내면서 명약으로 알려지게 되었다. 그들은 자기네 송나라 때부터 있던 우황청심환보다 우황청심원을 '진환眞丸'이라고 부르면서 선호했다. 그것만 가지고 가면 조선 사신들의 일이 일사천리였다고 하니 얼마나 진짜 환으로 여겼으면 그랬을까.

어머니가 홍성읍 오관리 버스터미널 뒤편에 사실 때였다. 남동생이 근무하는 학교를 따라 서산, 대전을 거쳐 홍성으로 정착하면서 고향 분들이 찾아오기 좋게 차부 근처의 집을 사는 게 어머니의 바람이었다. 택시도 문 앞까지 올 수 없는 2층 양옥을 차부와 가깝다는 이유로 샀다. 조양문朝陽門을 향해 뚫린 신작로, 조흥은행 앞에서 60여 미터 골목길로 들어가면 어머니의 연두 지붕 양옥이 보였다.

그 왼편에는 한옥 기와 한 채가 있었다. 넓지 않은 마당에 크지도 작지도 않은 감나무 한 그루가 있어서 그 집을 '감나무집'이라고 불렀는데 동네 노인들이 모이는 요즘의 경로당이었다. 어머니한테는 그곳이 행복한 놀이터였다. 윷놀이도 하고 간식도 즐기면서 세상 살아온 경험담으로 소일하는 게 하루하루 낙이었다.

어느 날 감나무집에서 할머니 한 분이 자랑을 하셨다고 했다.

"우리 큰딸이 중국에 여행 갔다 오면서 사 왔는디 죽는 사람도 살리는 약이랴."

"그게 뭔디 시상世上이, 죽는 사람도 살려?"

그래서 우황청심환이 화제가 되었다. 할머니들은 그 약이 만병통치라고 한마디씩 했다. 뇌졸중으로 쓰러져 말을 못하는 사람이 그것 하나 먹으니 혓바닥이 돌아가 말하는 것을 봤다고 했다. 머리가 아파도 거뜬해지고, 체해서 가슴이 답답해도 이것 하나만 까서 입에 넣어 씹으면 시원하게 뚫린다고도 했다. 술을 엄청나게 먹는 아들을 둔 할머니는 아들의 술 속이 나쁠 때 효과를 본다며 손자가 수능시험 보러 갈 때도, 제 어미가 먹여 보내더라고 했다. 무엇보다 구완와사로 비뚫어진 입도 돌려놓고 가슴 뛰는 것을 진정시키는 데에는 최고라고 했다.

어머니는 감나무 집에 모이는 할머니들 중 나이가 가장 많으셨지만 병원을 다니는 일이 없어 어쩌면 그러냐고 할머니들의 부러움을 사던 터였다. 그래선지 나처럼 우황청심환에 대해 아는 것이 없었다. 할머니들의 말에도 별 관심 없었다.

그런데 어머니 귀가 번쩍 뜨이는 말이 들렸다.

"뭐니뭐니 헤두 어린애 겡기驚氣 나는 데 최고라더먼. 그 뭐시 손자여, 눈 홉뜨구 다 죽어가는디, 물에 개 멕이니께 깨나더랴."

죽어가는 아이가 살아났다니, 그 좋은 약을 진작 알았더라면 새끼 다섯을 땅에 묻지 않아도 되지 않았을까? 가슴이 헝클어졌다. 그토록 효험이 신기한 약을 왜 몰랐단 말인가. 비록 돌도 지나기 전 배곯아 가 버린 새끼들이지만 그 약이 있었더라면 살릴 수도 있지 않았을까? 푸른 하늘과 누런 땅이 다 빨갛도록 오열하던 그 날들이 스쳐 지나갔다.

그 우황청심환은 중국에 가야만 구하느냐고 물었다. 조흥은행 앞 약국에서 팔 거라고 했다. 어머니는 이튿날 용돈 모은 주머니를 챙겨 약국에 갔다. 흰 가운을 입은 약사 역시 정말 좋은 거라고, 가정에서 필히 상비해야 할 약이라고 설명했다. 그 말을 들은 어머니는 주머니를 통째로 내밀며 약을 달라고 했다.

88세米壽의 어머니가 보퉁이를 안고 우리 집에 오셨다. 앉자마자 꺼내놓은 '동인우황청심환'은 북경에서 만든 중국산이었다. 하루빨리 갖다 주고 싶었다며 희색이 만면하셨다. 죽은 자식은 할 수 없으나 살아있는 자식에게 먹일 생각으로 들뜨고 계신 것 같았다.

"워디든 다 좋은 거랴. 니가 알어서 때때루 먹어."

"알었어요!"

대답은 알았다고 하면서도 특별히 아픈 데가 없던 터라 시큰둥했다. 어떻게 생겼는지 열어보지도 않았다.

요즘 연일 인터넷에 올라오는 빅뉴스 중의 하나가 애석하게도 젊은 가수 김광석의 죽음이다. 그가 죽어 쓰러져 있는데도 가족들은 우황청심환을 먹였다고 했다. 그들도 우황청심환이 죽은 사람도 살린다고 믿었던 것일까.

어머니도 그런 믿음으로 내게 사다 주셨으리라. 그런데 그 우황청심환은 지금도 내 화장대 서랍 속에 20년이 넘도록 동그랗게 초로 밀봉된 채 있다. 어머니의 동그란 사랑이 딸을 위한 침묵의 기도를 하고 있다.

어머니의 정성을 왜 그렇게 쉽게 여겼을까. 자식이 뭐가 그렇게 대단한 거라고. 그때 한 알만이라도 어머니 앞에서 씹어 먹었더라면…. 이제야 나는 내 불효를 뼈아픈 눈물로 쏟아내고 있다.

우황청심환을 손에 들고 사죄한다.

"어머니, 감사해요. 죄송해요. 사랑해요."

유통기한이 지나버린 우황청심환. 그러나 내 생명이 있는 한 어머니의 우황청심환은 유통기한이 없다.

천치바보 아녜요

어머니께서 살아계실 때 친정에 가면 동생 내외와 저녁 늦게까지 이런 저런 이야기를 나눴다. 어머니가 외로우실까봐 주로 어머니 방에서 대화를 했다. 그런데 97세 되시던 해부터 어머니는 귀에 바짝 대고 큰 소리로 말해야 들으실 수 있었다. 아들 며느리 딸, 셋이 웃어가면서 말하는 입모양만 물끄러미 쳐다보셨다.

처음에는 그러려니 하다가 시간이 지나면 은근히 소외감을 느끼며 화가 나시는 모양이었다.

"왜덜 그렇게 웃어 싸?"

안 들리니까 그러신다는 것을 알면서도 그 말씀에 우린 또 괜히 웃음이 나와서 더 웃었다.

그러면 정말 화를 내셨다. 드디어는 당신을 흉보며 웃는다고 오해까지 하셨다.

"넘덜 흉보구 그러지 마. 저두 늙으면 다 제 앞으루 돌아와!"

"아이구, 어머닌, 흉은 무슨 흉! 어머니 흉 아뉴."

"뭐라구 헤싸? 들리야지!"

어머니는 갑자기 애잔한 얼굴로 변하셨다.

"나두 젊었을 때는 시아버님한티나 누구한티나 웬 총기가 그렇게 좋냐 소리 듣구 살었어. 이젠 암껏두 아녀, 천치바보 됐어~."

당신의 그 좋던 정신, 총기가 없어진 것을 혼자 한탄하셨다. 그러나 우리는 어머니 마음이 되어 드리지 못했다. 엉뚱한 말씀이라며 또 웃었다.

"웃을 게 뭐 있어? 나 혼저 먹는다구?"

내가 가지고 간 카스테라를 잡수시며 하는 동문서답이었다.

자식들 이야기에 낄 수 없는 설움인지 어머니는 한숨까지 쉬며 말씀을 이으셨다.

"시아버님께 하루도 빼 놓잖구 술대접허구, 술 잡숫구 나시면 허허~ 웃으시구, 넌 웬 총기가 그렇게 좋다니! 늘상 허시구…."

특히, 총기 좋아 제삿날은 물론 매사에 기억을 잘한다고 시아버님께 칭찬받고 사랑받던 추억을 더듬어 가셨다.

어릴 적에 작은외숙모께 들은 이야기다. 우리 집에 와보면 어머니는 술을 담가 삼백예순닷새 하루도 안 거르고 노랗게 반짝이는 놋대접에다 시아버님께 드리더라고 했다. 그렇게 어머니의 술 공양에 대한 칭찬은 외숙모 말씀처럼 사실이었다.

어머니는 계속해서 혼잣말을 하셨다.

"아버님 돌아가시구 시어머님 잘 모시구 살라구 했지. 닭 한 마리 잡어두 혼저만 드리느라 끓이구, 또 끓이구…."

그 시절 음식물이 상하지 않게 하는 방법은 끓이는 것밖에 없었다. 수시로 끓이면서 풍겨오는 닭고기 냄새에 어머닌들 잡숫고 싶지 않으셨겠나. 그러나 당신의 입에는 한 점도 넣지 않고 할머니만 드렸다. 그런 며느리에게 할머니는 엉뚱한 소리를 하셨나 보았다.

"원제 다 먹었다니? 하실 땐…."

어이없고 서운했던 그때의 기억을 더듬어 가실 때 우리는 웃음을 그치고 숙연해졌다.

이제 주변 사람과의 좋았던 관계를 넋두리처럼 말씀하셨다.

"그러구, 넘한티나 누구헌티나 잘못헌다, 뭐헌다 소린 안 듣구 살었는디, 이렇게 늙응께 정신 하나 웁시 천치바보만 되구…."

당신이 올곧은 생활로 남에게도 나쁜 소리 안 듣고 살았으니 우리더러 웃고 흉보지 말라는 뜻인 것 같았다.

어머니는 그렇게 시부모를 극진히 공양하고 이웃을 배려하며 총기 좋고 사리분별이 명확하게 사셨다.

100세를 두 달 앞두고 어머니를 뵈러 갔을 때였다. 우리 아이들 결혼은 다 시켰느냐고 물으셨다. 며느리가 셋이라며 손가락 세 개를 쫙 펴보였더니 어머니는 활짝 핀 얼굴로 기뻐하셨다.

"그런디, 싯三 다 똑같이 헤야 허여, 그러잖으면 집안이 펜펜便便찮어져. 똑같이 허여."

공평하게 시어미 노릇을 하도록 강조하는 지혜로우신 어머니. 백수의 그런 어머니가 어찌 스스로 한탄하시는 '천치바보'란 말인가.

그 말씀 후 한 달 보름 지나 어머니는 고요히 소천하셨다.

요즘은 나도 정신이 깜빡거린다. 어머니의 '천치바보' 한 서린 말씀이 내 앞으로 돌아오고 있음을 느낄 때가 많다. 어머니 나이가 되려면 아직도 멀었지만 어머니와 같이 나도 똑같은 소리를 할 것 같다. 그때 우리 아이들도 내 앞에서 저희끼리만 웃어가며 이야기할까.

나는 내게 묻곤 한다. 어머니만큼 웃어른 섬기며 총기 좋게 살고 있는가?

오늘도 고개를 젓고 있는 딸이다.

2부

행복해지고 싶은 날

미니스커트와 판탈롱바지

모교로 첫 발령을 받은 1968년은 미니스커트가 대유행하기 시작하던 때였다. 1967년 가수 윤복희가 미국에서 돌아와 패션쇼에서 선을 보인 후 선풍적인 인기를 누린 것이다. 그러나 나는 선생 신분에 그렇게 짧은 치마를 입을 수 없었다. 미니스커트를 유니폼처럼 모두 입고 있어도 나는 양장점에 가면 치마 길이를 길게 해달라는 주문부터 했다.

체크무늬 스커트를 맞추던 날이었다. 그날도 절대로 짧으면 안 된다고 강조했다.

"알았어요. 그렇게 해드릴게요. 그러나 무릎 아래는 촌스러워요."

그렇게 대답해 놓고 만들어 준 스커트는 남들보다 10cm 정도 길었지만 무릎 위로 10cm는 올라간 것이었다. 조금만 더 길었으면

하는 마음도 있었지만 몇 번을 올려다보고 내려다보고 하다가 그냥 입기로 했다. 그때 나도 한창 발랄하던 20대 초반이었다.

'남보다 10cm나 길잖아.'

그러나 출근한 나를 보고 은사이면서 함께 근무하던 선생님들은 한 말씀씩 하셨다.

"어이, 춘호 선생! 그게 무어여!"

한심하다는 듯 쳐다보는 선생님들에게 애원하듯 말했다.

"이렇게 만들어 준 걸 어떡해요. 읍내 나가보세요. 요새 이 정도는 약과라니까요."

남들보다 길게 특별 주문한 옷이라며 계속 변명했지만 고개를 설레설레 흔드셨다. 허벅지까지 올라온 짧은 치마는 마치 교단에 서는 여선생의 도덕성을 잘라낸 것과 같다는 표정이었다.

신여성들이 입던 종아리 닿는 깡동치마나 버선 끝만 보이는 사모님 한복을 생각하는 건 아닌지 은근히 심통도 났다. 그러나 아이들 앞에서는 품위를 지켜야 한다는 확고한 신념을 가진 선생님들이었다. 그것은 그분들만이 아니었다. 기성세대는 대부분 미니스커트를 미풍양속을 해치는 원흉쯤으로 여기는 것 같았다. 오죽하면 보다 못한 정부가 경범죄 처벌법으로 '저속한 옷차림' 규정을 만들고 대나무 자를 든 단속반을 출동시켰을까.

그때 유행하던 남자들의 장발도 그랬다. 가위를 든 경찰관들이 버스터미널이나 역전에 상주해서 붙잡았다. 대학생이던 남동생이 천안역에서 걸릴 뻔했으나 교묘히 피했다던 이야기가 생생하다.

그 단속반에 걸리면 풍기를 문란하게 한 경범죄로 벌금을 물어야 했다. 지금 같으면 상상하기 어려운 진풍경이었다. 그러나 그 정도 단속으로 유행은 사라지지 않았다. 장발은 은연 중 사라졌으나 여성들의 스커트 길이는 점점 더 짧아졌다. 정부에서도 규정 조항을 없앴다

지금은 맥시, 미디. 샤넬라인, 미니… 패션계를 풍미했던 어떤 유행보다도 개성대로 입는 시대가 되었다. 그래도 아가씨 선생이었던 그때, 연두초록 체크 미니스커트의 발랄함과 경쾌함은 지금도 신선한 기억으로 남아서 아련한 행복감을 준다.

미니스커트 열풍이 조금 식어가던 1970년 중반 즈음에는 판탈롱 바지가 또 유행이었다. 판탈롱은 프랑스어로 여성들의 긴 바지를 뜻한다. 허리에서 골반까지 체형에 맞게 내려오다가 무릎 위 부분부터 부채꼴로 퍼져 바짓부리가 나팔처럼 벌어지는 디자인이었다. 그래서 나팔바지라고 부르는 사람이 많았다.

내가 대학생 때는 거의가 좁은 검정색 홀태바지를 입었다. 그런데 판탈롱 바지가 나오자 그 바지를 입는 사람은 없었다. 여자 연예인들도 내기라도 하듯 공연장에서 넓은 바지를 펄럭거렸다. 바니걸

즈, 펄시스터즈 등 여성그룹 가수들이 나와 노래하며 찰랑찰랑 흔들어 대는 모습은 보는 사람들을 매료시키기에 충분했다.

나도 미니스커트 때와는 달리 특별 주문 없이 편한 마음으로 컬러풀한 판탈롱 바지를 입었다. 그리고 하이힐을 신었다. 그러나 구두를 덮도록 길게 만들어져서 치렁치렁한 바짓부리는 걸을 때마다 전후좌우로 왔다 갔다 하며 땅에 닿을 듯 말 듯 했다. 그게 멋이니까 별수 없었다.

어느 날 작은아버지가 사촌 여동생과 우리 집에 오셨다.

"너희들, 그게 바지여? 아예 길바닥을 쓸고 다녀라."

어른의 말씀이라 듣고만 있었지만 여전히 우리는 판탈롱 바지로 거리를 쓸고 다녔다.

우리 집은 남녀 공학 중고등학교가 가까이에 있어서 학생들을 많이 본다. 특히 마뜩잖은 아이들을 코앞에서 바로 보기도 한다. 제일 눈에 띄는 것이 신발이다. 아이들 대부분이 운동화는 어디 두고 검정에 흰 줄 무늬 슬리퍼를 끌고 등하교를 한다. 지정된 교화校靴인가 하는 생각이 들 정도다. 편하긴 하겠지만 그걸 신고 교실에도 들어가니 학교 규율을 지키는 학생 자세는 아닌 것으로 여겨진다.

또한 하굣길에 남녀 학생이 손 잡고 입에는 아이스크림을 문 채 시시덕거리는 모습도 심심찮다. 어쩐지 아름답질 않다. 몇 년 전부터는 하나같이 여학생들이 새빨간 립스틱 칠을 시작했다.

또한 추운 겨울에도 엉덩이만 가린 초미니스커트를 입는다. 미를 추구하는 여성의 본능이라 해도 그다지 예뻐 보이질 않는다. 다행히 지난 겨울부터는 여학생 모두가 허리에 담요를 둘렀다. 색깔과 무늬만 다르지 담요는 그들의 방한 유니폼이나 다를 바 없었다. 군중심리나 유행은 아닐 것이다. 그들이 추워서 보온용으로 일제히 둘렀을 텐데 왜 나는 설게만 느껴지는지.

그 밖에도 남녀 학생이 어깨동무를 하고 가거나 가방 멘 채 스킨십을 하는 등 눈살 찌푸려지는 일들을 볼 때마다 공부가 제대로 될까 걱정이 앞선다. 아무리 세상이 바뀌었다 해도 너무 한다고 한탄도 해 본다. 애써 그 아이들과 가정교육을 이해하려고 해보지만 쉽게 타협이 안 된다.

그러다가 잠잠히 50년 전으로 타임머신을 돌려 내 모습을 본다. 세대 차가 그런 것일까. 내 어느 깊은 구석에서 고쳐야 할 구닥다리 같은 신념이 보인다.

미니스커트 입은 나를 나무라시던 선생님, 판탈롱 바지가 못마땅하셨던 작은아버지.

그때 그분들도 지금 내 마음 같으셨을까.

내 피부가 좋다고요

나는 목욕탕에 가면 간간이 혼자 온 어르신들 등을 밀어드린다. 나 역시 경로 표를 끊고 드나든 지 5년이 넘었다. 그러나 그분들보다는 짱짱하다. 기쁜 마음으로 어머니를 생각하며 닦아 드린다. 그때마다 할머니들은 연신 고맙다고 감탄사를 선물한다.

"아이구, 웬 피부가 이리 뽀얗다요? 우유네 우유여."

어느 분은 굳이 내 등을 밀어주면서 근거 없는 이야기도 한다.

"살꺼리 하야니께 때두 희여. 시상世上에 잡티 하나 읎네."

아니라고, 검버섯투성이라고 해도 막무가내로 칭찬 일색이다.

틀린 말은 아니다. 어머니와 외삼촌은 살결이 유난히 희었다. 그런 외가를 닮아선지 나도 어릴 적부터 칠순의 지금까지 어디서나 피부가 곱다는 말은 듣고 산다. 그러나 내 피부 속사정은 남들이 부러워할 것이 못 된다.

초등학교 시절에 손가락이나 손바닥에 좁쌀만 한 맑은 물집이 툭툭 튀어 오르곤 했다. 가려우면 물어뜯거나 바늘 끝으로 물집을 터트리기도 했다. 왜 그게 돋아나는지 알 수도 없었지만 따로 치료해 볼 생각도 하지 않았다. 당시 시골에는 병원이나 약방이 한 군데도 없었기에 연고도 발라보지 못하고 견뎠다.

"살결이 희면 살성이 나쁜 벱여."

할머니와 어머니는 내 피부가 희기 때문에 그런 것이 난다고 했다. 별수 없이 그런 줄만 알았다. 그러나 다행히 여학교 시절엔 그런 증상이 없어 잊고 지냈다.

대학을 졸업하고 교단에 서던 첫해였다. 1960년대 말 우리나라에는 앙고라 패션이 유행했다. 작은 앙고라토끼를 몇 마리나 잡아야 스웨터 하나를 만드는지 모르지만 퍽 비쌌다. 요즘은 중국에서 앙고라 털을 수입하여 누구나 사 입을 수 있지만 당시 앙고라 스웨터를 입고 싶어 했던 사람들에겐 쉽지 않은 가격이었다. 시골교사인 나는 도시 출타나 하면 멋쟁이가 입은 걸 몇 번 보는 게 고작이었다. 나도 입어보고 싶었지만 감히 엄두를 내지 못했다.

그러던 어느 날 서산읍내에 나갔다가 단 하나 있는 백화점 쇼윈도에 앙고라 옷이 걸려 있는 걸 보았다. 보는 것만으로도 따스함이 전해오는 것 같았다. 목까지 올라오는 진분홍색으로 염색된 앙고라 털에 연분홍빛 진주알이 목을 두 바퀴 휘돌아 반짝이며 붙어 있었다. 엘리자베스 여왕이나 입을 것 같은 황홀한 옷이었다. 털의 감촉은 손바닥을 간질였다. 이 옷을 입으면 세상에서 내가 제일 예쁠지도 모른다는 행복한 상상을 하며 한 달 월급 크게 축내는 돈을 선뜻 지불했다.

이튿날, 우리 반 아이들의 눈은 내 앙고라 스웨터와 목에 달린 진주알에 집중되었다. 그러나 동료 교사들은 의외로 별 관심이 없는 것 같았다.

'에이, 이런 예쁜 옷을 몰라보다니, 겉옷을 벗고 한 번 보여 줘볼까?'

그러나 그보다는 장작개비 난롯불이 꺼진 추운 교실에 혼자 남아 있을 때 앙고라 털의 포근하고 따뜻함이 주는 행복감이란 이루 말할 수 없었다. 이튿날 역시 행복했다. 그런데 퇴근할 무렵 목에 벌레가 기어다니는 것처럼 스멀거리는 느낌이 왔다. '왜 이러지?' 하면서도 별 생각 없이 다음 날도 입고 출근했다. 수업을 하면서도 자꾸 목에 손이 갔다. 퇴근 무렵에는 아예 가려움증이 본색을 나타냈다.

'아뿔싸. 내 살성이 또….'

그렇게 황홀했던 분홍진주 앙고라 스웨터는 사흘로 종지부를 찍었다.

스물다섯 살 때였다. 겨울 방학 기간에 결혼식 날을 잡았다. 서산

읍내에서 내복을 팔고 있는 여중 동창생 가게에 갔다. 신혼에 입을 것은 볼 것도 없다면서 내놓은 것이 엑스란 내의였다.

"이 내복 얼마나 따뜻한지 몰라. 비싸서 사람들이 못 입지만 넌 이거 입어야 해."

동창이 권하는 빨강색과 초콜릿색 두 벌을 사들고 왔다.

처음 보는 두꺼운 재질에다 폭신하고 색깔도 고와 호감이 갔다.

신혼여행 때 그 내복을 입었다. 2박 3일 경주와 해운대를 거쳐 돌아오니 등이 가렵기 시작했다. 결국 그 좋다는 엑스란 내의도 '3일 천하' 단명으로 끝내야 했다.

국가시책으로 학생들이 산에 가 송충이 잡던 시절이 있었다. 집게로 송충이를 잡아 깡통째 땅속에 묻었지만 내 팔뚝이나 목은 근실근실하기 시작했고 긁으면 벌겋게 부어올랐다. 함께 간 교사나 학생 그 누구도 가렵다고 하소연하는 사람이 없는데 나만 그랬다.

그것도 흰 살결이 겪어야 하는 고통이라고 단정해 버렸다.

그뿐 아니었다. 어느 땐 옷 고무줄 닿은 곳이나 스타킹 밴드 부분에도 가려움증이 일곤 했다. 그럴 때마다 흰 살결, 살성이 나빠서 그렇지, 하며 저절로 나을 때까지 병원 한 번 안 가고 참으며 지냈다. 그러기가 무려 60여 년이 넘었다. 대신 피부 곱다는 칭찬이 인내에 대한 보상이었다고나 할까.

지난 초여름이었다. 모처럼 농장에서 몇 시간 동안 완두콩을 땄다. 벌레가 스쳐간 모양이었다. 저녁부터 다리와 발등이 가렵기 시작했다. 긁은 자리엔 붉은 반점이 생겼다. 그러다 낫겠거니 했는데 며칠 후 붉은 반점이 허리로 번졌다. 그래도 내 살성이 나빠 그렇지 하며 긁으며 견뎠다. 그러길 무려 반 년, 너무 오래갔다. 그렇다고 그걸로 병원에 간다는 것이 선뜻 내키지 않았지만 결국 생애 처음으로 동네 피부과의원에 갔다. 의사에게 피부가 희어서 살결이 나쁘다고 자가진단을 먼저 했다. 의사가 나를 빤히 쳐다봤다. 어처구니없다는 눈빛이었다.

"살결 희다고 피부병 안 생겨요. 만성 알레르기성 피부염이네요. 약 지어 드릴게요."

그러나 쉽게 수긍이 가지 않았다. 아토피란 말은 들어봤지만 알레르기성이란 또 처음이었다.

모기도 가족 중에 나만 더 무는데 그것도 알레르기성 피부 때문이냐고 물었더니 투약해 보고 아니다 싶으면 다시 원인을 찾아 처방해야 한다는 의사의 말이 영 생소하기만 했다.

하루 세 번씩 약을 먹고 처방받은 연고를 발랐다. 붉은 반점이 옅어지면서 가려움증도 덜했다. 꾸들꾸들해지며 원래 피부색으로 돌아오기 시작했다. 신기하고 신이 났지만 어이없기도 했다.

'이렇게 좋은 걸 두고 평생 가려움으로 시달렸다니….'

60평생을 "흰 부피는 살성이 나쁘다."는 말만 철석같이 믿고 참았던 나는 과연 어느 시대 사람일까? 자괴감과 더불어 실소를 머금었다. 이제라도 알았으니 다행이다.

조금 남은 연고를 짜 바른다.

'그래도 덜 나으면 또 병원에 가야지.'

흘러간 별명

'헤벌이'

나의 첫 별명은 '헤벌이'였다. 애기 때부터 누워서도 어찌나 벙싯벙싯 잘 웃던지 사람들이 '헤벌이'라고 불렀다고 어릴 적 할머니에게 들은 말이다. 말귀도 못 알아듣던 그때, 뭐가 좋아서 그리 웃었을까?

그 웃음은 입학 후에도 여전했었나 보다. 4학년 때였다. 방과 후 장부를 정리하던 담임 K 선생님은 교탁 옆에 서 있던 내게 진지하게 말씀하셨다.

"조춘호! 그렇게 아무때나 웃지 마. 사람들이 바보인 줄 알아…."

그때도 이미 나는 선생님에게 이유 없는 웃음을 보내고 있었던 것일 게다. 시도 때도 가리지 못하고 오죽 웃음이 헤펐으면 급장인 내게 그런 말씀을 하셨을까.

6학년 추석 때였다. 밖에서 놀다가 집에 오니 팔봉산 성묘를 왔다가 들르셨다고 이모부가 와 계셨다. 반가웠다. 그러나 고개 숙여 '안녕하세요?'라고 인사 한마디도 하지 못했다. 어머니는 자식이 예절 바르게 인사하기를 바랐지만 그 모양이니 민망스러우셨을 것이다.

"재는 저렇게 인사두 헐 줄 물류."

"아, 춘호 저 웃음이 반가운 인사지유."

공손한 인사말은 없어도 웃음으로 맞는 나를 이모부는 귀여워하셨다. 그렇게 웃음꽃 핀 내 얼굴은 둥그렇고 넓은데다 희기조차 해서 '달뎅이' 소리도 수없이 들으면서 자랐다.

그런데 어른이 되어서는 잘못했을 때 더 웃었다. 자동차면허 시험장에서 실수를 했을 때도 옆에 앉은 경찰관을 향해 웃었다. 그는 놀라듯 눈을 크게 뜨면서 왜 웃느냐고 물었다. 대답 없이 그냥 또 웃었다. 경찰관은 별 여자 다 있다는 듯한 표정으로 일축해버렸다.

교육대학원 논문지도 받을 때도 오류 부분에 지적을 받으면 웃었다. K 지도교수님은 그런 날 이상한 듯 쳐다보며 퉁명스레 물었다.

"왜 웃어요?"

겸연쩍게 다시 웃을 뿐이었다. 교수님은 장학금까지 받은 내가 분명 2% 부족하다고 여기셨을 것이다.

애기 때부터 나는 왜 그렇게 '헤벌이'였을까? 남들이 이상하게 여길 만큼 웃는 이유를 나 자신도 딱히 짚을 수 없다. 그런데 시시때때로 그렇게 잘 웃던 내가 이제는 이유가 확실할 때에만 웃는 편으로 변했다. 오히려 작은 일에도 험하게 찡그릴 때가 많아진 '찌그리'가 되었다.

얼굴 펴라고, 버릇된다고 집에서 충고를 받을 정도다.

그래도 아직 나를 '미소가 아름다운 교장'으로 기억해주는 교사들이 있어 다행이다.

'강굴장사'

중학교 졸업 즈음에는 공책 한 권에 사인장(sign note)이라며 돌려쓰는 것이 유행이었다. 내용은 여러 가지가 있었는데 그중 '내 별명은?'란이 있었다. 어떤 친구는 날더러 '컴퓨터'라고 썼다. 1960년초 컴퓨터는 구경도 못했고 다만 모르는 게 없는 기계라고만 알던 때였다. 그 친구는 날 과잉 칭찬했던 것이다.

또 뒤에 앉았던 키 큰 친구는 '짤랭이 반장'이라고도 썼다. 맨 앞자리에 앉았으니 들어 마땅한 별명이었다. 목청 높여 노래를 잘한다고 '꾀꼬리'라고 적은 친구도 있었다. 그런데 대다수가 붙여준 것은 '강굴장사'였다.

고향인 서산 바닷가에선 굴을 많이 땄다. 바위에서 쪼아낸 그대로 천연 굴을 강굴이라고 한다. 물을 섞어 희석되지 않은 된(진한) 굴이란 뜻이다. 그 강굴을 내가 매일 생산해 판다는 별명이었다.

수업시간에도 코를 킁킁 풀어댔기 때문이었다. 그런데 그것을 질병이라고는 생각하지 않았다. 그렇게 코가 막히면 풀어대는 것으로 해결하면서 선생 발령까지 받았다. 교무실에서도 코는 풀어야 했다.

함께 근무하게 된 은사선생님은 어느 날 내 코를 번쩍 들고 들여다보셨다. 오죽 답답하셨으면 그러셨을까. '비후성 비염'이란 진단을 내리시며 고치기도 쉽지 않은 병이라고 했다.

그 무렵 남편을 처음 만나 서산 읍내 차부에 있는 2층 다방엘 가게 되었다. 역시 그 앞에서도 잠깐 망설이다가 서슴없이 강굴장사를 했다. 지금도 그때 이야길 한다.

'이 사람, 분명히 정신분열증 초기 환자쯤 되는구나….'

충남에서 경기도로 올라와 평택을 거쳐 광명시로 발령받았을 때였다. 그곳 교사들은 똑똑하기로 이름 난 연구주임이 온다고 꼬리표에 관심을 갖고 있었다. 부임 후 연구주임인 나와 윤리주임인 또래 남자 S 교사가 마주 앉게 되었다. 몇 개월 지나 그는 의자에 등을 기대며 말했다.

"조 주임, 지내보니까 별거 아녀. 맨 코만 풀고…."

나는 큰 소리로 웃었다. 모두 맞는 말이었다

그런데 그 학교를 떠나 고양시 변두리 시골학교로 오자 그 되게 나오던 강굴은 어느 사이에 사라졌다. 희한한 일이었다. 서산 촌사람 병원 한번 가지 않고 버티며 풀어대던 강굴장사는 40중반으로 막을 내린 것이다. 이제는 전처럼 시원스레 킁킁 풀어보고도 싶은데 코가 말라 있다.

'명필'

여고시절이었다. 교무실에 들어서자 앞자리 교무주임 선생님이 큰 소리로 외치셨다.

"조춘호! 서당에 몇 년 다녔어?"

그 질문은 교육대학 국어과 교수님에게도 들었다. 교사시절 교장 선생님들도 아버지에게 배웠냐, 서당에 다녔냐며 요즘 선생님들은 한자를 그리는데 나만은 한자를 쓰는 달필이라고 공공연히 칭찬했다. 교사들도 그렇게 인정했는지 교내에 경조사가 있으면 동료교사들이 내민 흰 봉투가 내 책상 위에 쌓였다. 그뿐 아니었다. 한글로 쓰는 학교 행사 상장도 내 책상 위에 놓였다. 학년 말에는 동 학년 우등상과 개근상 2~3백 장을 붓으로 써 댔다. 먹물을 말리느라 교실 책상 위에 쭉 널어놓으며 썼다. 그러나 어깨나 팔목이 아프지 않았던 걸 보면 꽤나 즐겁게 썼던 모양이다.

학교 행사의 플래카드까지도 학교 아저씨가 페인트를 준비해 놓으면 퇴근 후 교무실에 혼자 남아서 썼다. 어느 날 동네 대청소를 나가는 깃발을 써야 했다. 교사 책상 세 개 위에 기다란 천을 펼쳐 놓고 큰 붓을 끈적한 페인트에 담그고 있을 때였다. 늦게 퇴근하던 교장 선생님이 교무실에 들어왔다. 왜 글씨는 잘 써가지고 남들처럼 퇴근도 못하냐고 안쓰러워하셨다.

평택군 작은 학교에 근무할 때는 교장실 환경미화를 붓글씨로 도맡았다. 교장 선생님은 자기의 '오른팔'이란 별명도 붙여주셨다. 그곳에서 6학년을 함께했던 L 교사가 몇 해 전 파주 교장이 되어 여교장 한 사람과 함께 방문했다. 교장실에서 그는 나만큼 글씨 잘 쓰는 명필을 이제껏 본 적이 없다고 같이 간 여 교장에게 몇 번이고 말했다. 난 고개를 저으며 웃을 수밖에 없었다. 지금은 그런 글씨가 내 손에서 전혀 나오지 않기 때문이다.

공주 교육대학에 입학한 후였다. 몇 달 지난 뒤 서울 신광여고에서 온 친구는 내 만년필과 자기 것을 바꾸자고 했다. 볼펜이 없던 시절이었다. 그 친구 것은 내 것보다 좋고 비싼 파이롯트 만년필이었다. 가격이 맞지 않아 선뜻 대답하기가 그랬다.

"값은 상관 마. 춘호 너처럼 글씨를 잘 쓰고 싶어서 그래."

만년필이 길이 들어 글씨를 잘 쓴다고 생각했는지 억지로 내 것을 가져갔다. 대신 예쁘고 큰 파란색 만년필을 내 손에 쥐여주었다.

교감이 되어 부천에 근무할 때 그 친구가 부천에 살고 있어서 32년 만에 만났다. 그때 내가 뭔가 적은 메모지를 그 친구에게 건네게 되었다.

"야! 춘호, 네 글씨가 왜 이래?"

그 눈에 떠오른 실망의 빛이라니.

난들 어쩌겠니, 손아귀에 힘이 안 가는 걸.

'잠첾이'

내게 주어졌던 지난날의 별명들은 한두 개가 아니다. 교감 차출을 못 받고 8년이나 기다리던 동안에는 '조박사'라고 불러준 사람도 있었다. 선배님들, 특히 연구사나 장학사들이 그렇게 불러주었다.

듣기 싫은 호칭은 아니었지만 멋쩍었다. 박사의 의미를 생각해 보았지만 잘 알 수가 없었다. 뜻대로 승진 못한 후배에게 위로의 별명이 아닌가도 싶었다. 그러나 그 별명들은 다 흘러간 일들이다.

지금도 선배님들은 그렇게 불러 주실 때 있지만 이 나이에 그 누가 살갑게 별명을 불러주겠는가. 그래도 굳세게 남은 하나의 별명이 있다. '잠쳉蟲이.'

우리 집은 아버지가 장남이라서 연중 제사가 많았다. 작은아버지는 매월 있다시피 한 제사에 꼬박꼬박 오셨다. 그러나 언제 오셨는지 나는 알 수가 없었다. 집안이 제사 분위기로 웅성대고 있는데도 초저녁부터 잠만 자고 있었기 때문이다. 그러나 할머니가 깨우는 걸 말리셔서 깨우지도 못하고 '잠쳉이'라는 별명만 지어주셨다. 어쩌다 자지 않고 제사를 지내는 날은 기뻐하시면서도 놀리듯 말했다.

"잠쳉이가 웬일이냐? 아, 내일은 해가 서쪽에서 뜨겠다!"

교회에 가서도 거의 꾸벅거리는 나를 보며 그렇게 자려면 교회는 뭐하러 가느냐고 어머니는 늘 꾸중하셨다. 난 속으로만 말대답을 했다.

'마음에는 원이로되 육신이 약하답니다.'

나이 50에 장학사 시험 치르는 날에도 늦잠을 잤다. 아침도 못 먹고 고양에서 수원까지, 수원에서는 시험장인 경기도 과학연구원까지 진땀을 흘리며 차를 바꿔 타고 숨이 차도록 뛰어야 했다. 접수대에는 명찰 두 개가 달랑 주인을 기다리고 있었다. 다행히도 나처럼 지각동료가 있다고 안도하기도 잠시, 하나는 응시 포기자의 것이라고 했다. 시험날 지각하는 사람은 처음 보았다며 접수 담당 장학사에게 한 소리 들었다. 아마도 잠자다 벌어진 실수담을 엮는다면 책 한 권은 너끈할 것이다. 요즈음 친구들은 나이 먹으니 잠이 안 온다며 늙어도 잠을 잘 자니 얼마나 좋으냐며 부러워한다. 내 잠 벌레는 허물도 안 벗고 성충도 안 되나 보다. 나비되어 날아갈 때도 된 것 같건만. 그렇게 나는 '잠쳉이'를 내 평생 불후의 별명으로 사랑하며 지낸다.

그런데 퇴직 6년차, ≪수필과비평≫에서 신인상을 받고 등단하면서 작가라는 이름을 선물받았다. 부끄럽고 생뚱스럽기까지 하다. 잘 쓴 남의 글을 볼 때마다 비교되어 오히려 짐이 된다. 하지만 매력적인 이름이다.

"어이, 조 작가! 잠첽이 조 작가!"

늘그막에 얻은 이 매력적인 호칭을 아름답게 가꾸어 가는 일이 내 길인 것 같다.

1등된 꼴등머리

내 머리카락 색깔은 어릴 때나 지금이나 변함없이 연갈색에 가깝다. 어릴 적 사람들은 누렇고 가느다란 머리를 흉물로 여겼다. 그래서 할머니는 집으면 한 주먹도 안 될 정도로 숱까지 적은 내 누렁머리를 쓰다듬으며 안타까워하셨다.

"원제 이 네랭이 머리가 꺼머지나, 양놈두 아닌디…."

그러나 자라면서 숱이 좀 많아져 다행이었다. 하지만 머리색은 다른 애들처럼 검어지지 않았다. 살빛이 흰 사람은 머리색도 누렇다고 오히려 사람들은 내 하얀 피부를 칭찬했기 때문에 머리는 그러려니 했다. 그래서 머리 색깔에 신경 쓰며 고민을 해본 적은 한번도 없었다.

교육대학에 입학했다. 한 반에 40명씩 남자 여섯 반, 여자 세 반,

360명 정원을 합격시키고 혼성반도 좋으련만 무슨 방침인지 남녀 구분하여 Male반, Female반으로 각각 반 편성을 했다. 시골 출신인 나는 F8반이 되어 여학생만 40명인 반에서 운 좋게 대표로 선출되었다.

신나는 대학생활을 시작했다. 강의도 앞자리에 앉아서 들었다.

입학 후 두어 달 지난 어느 날이었다. 강의를 마치고 쉬는 시간, 다른 강의실로 옮겨갈 때였다. 머뭇거리는 모습으로 뒤에서 키 큰 Y가 내게 다가왔다.

"미안해, 조춘호. 네가 꼴등이야."

일등보다 꼴등이 좋을 이유는 없어서 의아한 눈으로 쳐다보았다.

"뭐가 꼴찐데?"

그녀는 정말 미안해 하는 낯빛으로 동정이라도 하는 듯 말했다.

"내가 공부하기 싫어서 맨 뒤에 앉았거든. 그런데 할 일이 없더라구. 그래서…."

"그래서?"

"앞에 앉은 우리 반 애들 머리 심사를 한 시간 내내 했어."

까만 머리 순으로 1등, 2등, 3등 매겨갔는데 최후 39등과 40등에서 심사가 어려웠다고 했다. 결국 끝의 두 누렁 머리 중 꼴등 판정은 내 머리에 내렸노라며 거듭 미안하다고 했다.

"내 머리색이 본래 그래서 그런 건데 뭐."

그녀는 머리 색깔이 우리 반 미인선발대회쯤으로 여겼는지 '미안해'를 반복했다. 그처럼 1960년대 미인 축에 들려면 까만 머리라야만 했다. 그 후로 친구들 머리 색깔을 유심히 보게 되었다. 아니나 다를까 나보다는 모두 까맸고 반질반질 윤기가 흐르며 유난히 새까만 머리를 가진 친구들도 있었다.

"어쩜 머리가 그렇게 까매?"

"응, 내 머리? 본래 이처럼 까맣지는 않지. 염색한 거야."

그 시절 나는 염색을 어떻게 하는지 듣도 보도 못한 터였다.

그리고 친구 평가대로 꼴등꼬리표를 단 누렁머리로 대학생활을 마쳤다.

그 후 20여 년이 지나자 사람들은 머리 색깔을 갈색으로 바꾸기 시작했다. 미국의 영화 〈신사는 금발을 좋아한다〉에서 두 주인공, 흑발의 제인러셀보다 마릴린 먼로 금발이 인기여서 그랬는지는 정확히 모르겠지만 금발에 가까운 누렁머리가 유행이 된 것이다.

점점 검은 머리를 감추고 누렇게 염색하는 사람들이 늘어났고 시중에 내놓은 가발도 연갈색으로 변했다. 심지어는 어린아이들에게도 브릿지니 뭐니 하며 금발에 가까운 머리색을 만들어 주었다.

그때부터 사람들은 내게 염색했느냐고 관심 있게 묻기 시작했다. 나는 은근히 자랑스러워져 내 머리 그대로라고, 내추럴이라고 강조했다. 특히 미장원에 가면 미용사는 내 머리카락을 손가락으로 들춰올리면서 감탄했다.

"어쩌면 머리색이 이렇게 예뻐요?"

"원래 내 머리예요."

"정말, 흰 머리도 없고 1등 머리네요!"

너무 아름답고 자연스러운 갈색이라며 이런 머리는 쉽게 세지도 않는다고 손님들 앞에서 한껏 추켜 주었다. 그 말을 듣고 쳐다보는 노인들은 부럽다며 제각각 한마디씩 했다.

"아이구 웬일이여. 일부러 이쁜 물 딜인 거 같으네."

"머리가 세잖으니 얼마나 좋대유. 염색허구 사흘 지나면 흰머리가 뾰족뾰족 올라와. 증말 귀찮어 죽겄어."

그때 나는 학생 시절엔 꼴등머리로 낙인 찍혔었다고 말하며 우쭐한 기분이 되곤 했다.

50년 전 꼴등머리가 지금 이렇게 1등 머리로 찬사를 받는다는 것은 역사도 시대 따라 해석이 다르듯, 미의 안목도 가치관도 세월 따라 유행하고 변한 덕분이다.

요즘은 가족관도 크게 변했다. 40년 전 친구 남동생이 파란 눈과 혼인하겠다고 했을 때 아버지가 아들 호적을 파내버리겠다며 몸져 누웠다고 했었다. 하지만 이제는 저희들이 좋다면 피부색이 달라도 어떻게 하겠냐는 추세다. 그래서 대한민국 어딜 가든 다문화가족이 자연스럽다. 그뿐 아니다. 학교교육도 그렇다. 부지런히 일해서 저

축하는 개미와 노래하며 놀기만 하는 게으른 표상의 베짱이. 둘을 비교하면서 베짱이가 되지 말라고 가르쳤다. 그러나 죽을 동 살 동 일만 하는 개미보다 특기 적성 살리며 즐겁게 사는 베짱이에게 블루오션 가치를 두는 교육사조가 되었다. 이렇게 사회, 문화, 교육 모두 변해가고 있다.

그러나 이렇게 변한다 할지라도 1등은 언제나 가치를 빛나게 하는 도전정신을 가진 자들의 몫이다.

50년 전 까맣기만 한 머리에 더 새까만 물을 들여 1등 머리를 하고 다니던 그 친구들은 아마 지금도 노란 물을 들이고 있지 않을까. 그러면 그들은 늘 1등이지 뭔가. 나야말로 아무 노력도 없이 꼴등머리가 1등 머리되어 행운을 누리고 있다.

싼 화장품 써서 그래요

남편은 평소보다 일찍 일어나 농장에서 캐 온 씀바귀나물을 베란다에서 다듬고 있었다. 남자 체구치고도 덩치 큰 그가 작은 플라스틱 의자에 허리 굽히고 앉아 있는 모습이 어설프고 안쓰럽기조차 했다.

'자기가 안 해줘도 내가 낮에 틈 내어 할 건데….'

부엌에서 아침 준비를 하던 나는 할 일을 덜어줘 좋기는 하지만 어쩐지 미안한 마음이 들어 물 묻은 손으로 베란다에 가 남편의 뒤에서 어깨를 살짝 건들며 말했다.

"내가 이따 다듬을 게요!"

"아이구, 깜짝이야!"

씀바귀 뿌리와 잎에는 겨우내 마른 검불이 많이 붙어있었다. 그걸 때 내느라 아무 생각 없이 열중하고 있다가 내 갑작스런 말에 놀랐나 보다. 고개를 휙 돌려 뒤에 서 있는 나를 올려다보았다. 그런데 그만 일손 놓으라는 내 말뜻에는 아랑곳없이 대뜸 하는 말이 충격이었다.

"얼굴이 왜 그래?"

"왜요?"

"얼굴에 밀가루 반죽, 덕지덕지 묻혀 놓은 것 같애!"

일찍 외출할 일이 있어서 식사준비 전 서둘러 화장을 했던 터였다.

'참, 내 얼굴 화장 '빨'을 한 번도 안 봤나 봐? 언제는 파운데이션 안 바른 적 있었어요? 도대체 밀가루 반죽이라니!'

좋고 미안했던 마음이 금방 샐쭉해졌다.

내 일생 교단에 섰을 때는 예쁜 선생님을 좋아하는 어린아이들 때문에 하루도 화장을 거르지 않았고, 관리자로 지낼 때는 체면 차리느라 더욱 화장에 신경을 썼는데 그때는 그런 말이 전혀 없던 터였다. 같은 화장품, 같은 방법, 그 솜씨로 한 화장인데 밀가루 덕지덕지라니!

그 표현이 왜 그리 싫은지 이미 토라진 마음에 나도 발끈 하는 말투로 대꾸했다.

"싼 화장품 써서 그래요!"

그가 날더러 싼 화장품을 쓰라 한 것도 아닌데, 비싸고 좋은 것을 못 쓰며 알뜰하게 살림해왔다는 당당함이 남편에게 심술 섞인 억지가 되고 있었다. 그런 속내를 알아차린 그는 나를 달래듯 금방 부드럽게 말했다.

"왜애, 비싼 거 쓰지, 비싼 거 써! 십만 원 넘나?"

'어이구 십만 원이면 비싼 줄 알고? 오십만 원 넘는 화장품도 많이 있다우.'

십만 원만 넘으면 무조건 고가품으로 여기는 물가 개념 없는 남편의 물음에 대답 대신 중얼거리며 부엌으로 와 도마 위에 놓인 파를 툭툭 썰어댔다.

1980년대 교사 시절이었다. 어느 겨울날, 옆 반 교사가 햇빛에 반질반질 윤기를 내는 검정색 밍크코트를 입고 출근했다. 모두 만져보고 부러워했다. 나도 입고 싶어졌다. 그 코트값은 월급 한 달분이 넘는 금액이었다. 그래도 어린아이가 갖고 싶은 장난감을 사 달라고 조르듯, 퇴근 후 남편에게 나도 정말 입고 싶다고 말했다.

"그 비싼 옷이 뭐가 그리 좋아! 꼭 그렇게 입고 싶어?"

나의 마음을 헤아리기는커녕 오히려 철없는 사람으로 단정하는 표정이나 말투는 더 이상 대화를 하고 싶지 않게 만들었다. 그러나 그 옷을 입고 싶은 마음은 떨쳐지지 않았다.

그로부터 15년 지난 어느 여름날, 롯데백화점에 우연히 들렀다가 세일하는 호피 밍크코트를 보게 되었다. 살아있던 밍크 욕심은 결국 남편에게 일언반구도 하지 않고 사게 만들었다. 겨울옷을 여름에 파는 특가세일이었지만 예나 제나 내게 과분한 금액이기는 마찬가지였다. 사들고 온 코트를 바라보며 남편은 아무 말 없이 웃을 뿐이었다. '여자들이란….' 하는 것 같았다.

그랬던 그가 요즘 와서는 내가 입고 쓰는 것은 무조건 뭐든지 비싼 것으로 하라고 부추긴다. 심지어는 "당신 밍크 반코트는 있지? 롱코트는 얼마나 하나?" 묻기까지 했다.

남편이 이처럼 관대하게 변한 이유는 무얼까? 늙어가는 아내에 대한 아쉬움일까.

"너희 엄마 젊었을 때는 채시라, 하희라보다 예뻤다."

세 며느리한테 몇 번이고 말하던 사람이었는데 어느 결에 이렇게 반백 년이 흘러 변한 아내!

지난달 부부모임에 나갈 때 단화를 신는 나에게 말했다.

"하이힐 신지 그래."

젊은이 같은 차림이면 아내의 노화가 커버된다고 생각하는 모양이었다. 다섯 손주를 둔 할미 아내한테 젊음의 신선한 아름다움을 회복시켜 주고 싶은 마음이 한껏 묻어났다.

오래된 시멘트 건물에 금이 갔다 해서 땜질을 하고 페인트칠을 한들 새 건물이 될 수 없듯 고가 옷을 걸치고 탄력 없는 얼굴에 비싼 유명 화장품을 두껍게 바른다 해서 골골 파인 주름이 감춰질까.

'싼 화장품 써서 그래요!'가 아니다. 노화된 피부에 화장품은 잘 받을 리 없고 무의식 중 실주름을 커버하려고 화운데이션을 한 겹 더 입혔을지도 모른다. 그러기에 밀가루 덕지덕지 화장으로 보였을지도.

막내아들조차 내게 이런 말을 가끔 한다.

"엄마, 내가 돈은 드릴 테니 왕비파마 좀 하세요!"

왕비파마가 뭔지도 모른다며 핀잔을 주곤 했지만 아들 역시 늙어가는 어미가 젊고 예쁘길 바라는 마음일 것이다.

"예쁘면 모든 게 다 용서된대요."

함께 근무했던 C 교사가 웃음 띠며 하던 말까지 떠오른다. 세월은 사람을 왜 밉게 만드는 걸까. 그러나 셰익스피어가 중년에게 준 교훈이 있다.

'늙어가는 것을 불평하지 마라. 가엾어 보인다.'

그렇다. 돌이킬 수 없는 세월, 나의 모습 그대로 사랑해 보리라.

주름이 곧 훈장이라고 여기며 곱게 늙어가야지….

그래도 하고 싶었어

언제부터인지 대학 동창회에 가면 내 눈에 대해 관심을 보이는 친구들이 있었다.

"얘, 춘호야, 너 눈 부었니?"

나는 듣기 좋은 말이 아니라서 잠을 실컷 자면 붓더라고 일축해 버렸다.

그 다음 모임에도 친구는 다시 말했다.

"춘호 너, 아무래도 네 눈은 잠 많이 자서 부은 게 아닌 것 같아."

그녀 말은 눈이 부은 것이 아니고 늙고 처져서 추해지고 있다는 간접화법이었다. 그 말에 다른 친구도 맞장구를 쳤다.

"그래, 네 눈이 많이 늘어졌어. 하지만 대신 주름은 별로 없으니까."

상처를 덜 주려고 그랬는지 주름이 별로 없다고 덧붙였다.

'늘어지고 부은 걸 나보고 어쩌라는 말이야, 보기 싫으면 밉다고 솔직히 말해….'

그렇게 생각하다가 허물없는 동창들이기에 돌직구를 날렸다.

"나도 요즘 내 눈이 싫어. 너희들이 말 안 해도 짜증나. 너희도 알지? 옛날 크고 예쁘게 쌍꺼풀 졌던 내 눈 말이야."

언제부터인가 크고 예쁘다는 소리를 듣던 내 눈까풀은 부은 눈두덩이 속으로 들어가 숨어버렸다. 눈이 가느스름한 뱁새눈 같아지는 게 스스로도 밉고 싫기만 했다. 오죽하면 화장대 앞에서 늘어져 버린 눈두덩을 손가락으로 꾹 눌러 올렸다 내렸다 하며 눈꺼풀을 다시 살려 보곤 했을까.

"그래, 이렇게만 계속 유지해다오."

하지만 억지로 만든 눈까풀은 야속하게도 이내 두툼한 눈두덩 속으로 숨고 말았다.

전에 같이 근무했던 학교 동료가 시모상을 당했다고 연락이 왔다. 장례식장엔 문상객이 많았다. 그들과 한참 대화를 나누고 있을 때 뒤늦게 P 교사가 나타났다. 눈까풀을 성큼 올린 채. 눈에 띄게 달라진 그녀를 와~, 소리치면서 맞았다.

"예뻐졌어. 몰라보겠네!"

언제 했냐, 어디서 했냐, 얼마면 할 수 있냐며 모든 관심이 그녀의 눈으로 모아졌다.

"그게 아녜요. 예뻐지려고 한 거 아닌데…. 눈 끝부분이 짓물러 할 수 없이 했어요."

이제는 눈 속에 화장품이나 땀이 들어가 쓰리는 현상도 없어졌다며 수술이 불가피했다고 했다. 나도 그럴 때가 있어서 귀가 번쩍 뜨였다.

"어머, 내 증상하고 똑같네! 수술하면 정말 괜찮아지는 거요?"

"그럼요. 너무 좋아요."

옳다구나! 나도 수술할 명분을 찾게 되었다. 그녀 역시 명분은 그러하나 예쁘라고 성형한 것쯤은 모두 알고 있었다. 아무튼 부러운 게 사실이었다.

그녀는 수술을 후회하지 않는다며 불편하면 수술을 하라고 권했다. 서너 군데 이상 병원을 방문, 상담해보고 후회가 없도록 신중할 것까지 덧붙였다.

그 후 나는 일산과 압구정의 성형외과 몇 군데를 찾아다니며 상담을 받았다. 간 곳마다 나이가 들어 눈 주위 피부가 탄력이 없어 처졌기 때문이라며 그 부분을 절개해내고 상안검(쌍꺼풀) 수술을 해야 한다고 했다. 절개 수술 후에는 땀이나 화장품이 들어가지 않는 것은 물론 늘어진 피부로 감춰진 눈동자가 많이 드러나면서 시야가 밝고 넓어진다고 했다. 게다가 사물을 볼 때 눈을 크게 뜨지 않아도 되기 때문에 이마에 주름도 덜 생긴다는 것이었다. 어느덧 내 이마에는 실금 골이 파이고 있지 않는가. 그렇다면 일석이조, 아니 삼조가 되는 것이다. 빨리 수술을 하고 싶었다.

쇠뿔도 단김에 빼랬다고 P 교사가 했다는 일산 K 성형외과에 예약을 했다.

집에 와서 남편에게 예약했단 말은 하지 않고 불편한 눈을 성형하고 싶다고만 했다. 하지 말라고 하면 어쩌나 은근히 걱정되어 조심스러웠다. 15년 전 친구 하나가 쌍꺼풀 수술을 했는데 예쁘더라고 말한 적이 있었다.

"당신은 생긴 대로 살아!"

한마디로 말막음을 했었기 때문이었다. 그런데 이번에는 뜻밖이었다.

"당신 눈이 정말 크고 예뻤는데…, 근데 요즘은 눈이 가늘어져서 사납고 심술궂게까지 보여. 돈 생각 말고 비싼 데 가서 예쁘게 잘해봐."

'얼마나 미웠으면 저렇게 말할까! 하긴 예부터 눈탱이 부은 사람더러 심술 맞다 했어.'

그러나 반 이상은 내숭떠는 대답을 했다.

"누가 예쁘라고 한대요? 외출하자니 화장 안 할 수 없고 화장만 하면 눈이 씀벅거려 불편하니까 하겠다는 거지."

세상 여자들이 배고픈 것, 불편한 것은 참아도 미운 것은 못 참는다는데 나도 그런 거겠지? 아무튼 가늘게 처진 눈을 크고 예쁘게 만들고 싶은 마음은 이미 불이 붙고 있었다.

주말에 아들 며느리가 왔다. 생활 건강상 부득이 눈꺼풀을 해야 한다고 합리화시켰다. 아들들은 엄마가 그래야 하나 보다 별 관심이 없어 보였고 며느리들은 배시시 웃었다.

"어머니, 이왕 하시려면 앞트임까지 하세요."

이미 내 마음을 읽고 있었다. 시어미 속내를 들킨 것 같았다. 아닌 게 아니라 생활의 불편함 해소를 위한다는 명분은 두 번째 이유였다. 젊은 날 예쁘다고 칭송받던 눈으로 다시 돌아가 조물주가 특별하게 내려준 여성의 행복을 이 나이에도 느끼고 싶은 마음이 더 우선이었다.

여자의 변신은 무죄라 하지 않나! 그러나 자식들에게 작은 부끄럼이 일었다. 아이들이 가고 난 후 선뜻 예약금까지 치르고 온 결정과 달리 뜻밖의 갈등이 생기기 시작했다. 며칠 동안 잠을 뒤척거렸다.

'눈 처짐을 절개하고 쌍꺼풀을 만든다 해서 젊은 날 그 모습으로 돌아가는 건 아니잖아.'

'내가 무슨 유명 연예인이라고?'

어떤 이는 수술 후 골뱅이 눈이 되어 잘 때 눈이 안 감긴다는 말도 떠올랐다. 그도 걱정되었다.

'명실공히 할머니인데 점잖게 늙으면 됐지 뭘. 땀, 화장품 눈에 들어가는 불편? 여지껏 견뎌왔는데 앞으로 살날이 얼마나 많다고…. 게다가 수술비는 어떻고. 감기 걸려 가는 병원비 몇 백 배야 도대체.'

갈등은 계속 꼬리에 꼬리를 물었다.

'아니야, 아니야 지금 눈은 너무 싫어.'

망설이는 동안 예약한 날짜는 점점 다가오고 있었다. 전화를 걸어 보름을 미뤘다. 다시 보름이 금방 지났다. 이번에는 무기연기를 했다. 그리고는 주변의 친척, 동창 친구들에게 나의 갈등되는 심경을 말하고 국민 투표하듯 의견을 물어 보았다. 찬성 측은 생활에 불편은 감수한다 하더라도 여성은 천부적으로 미를 추구할 권리가 있지 않느냐며 하라고 했다. 누구는 92세 된 친정어머니가 코 성형을 하고 싶다고 하셨다며 여성의 나이는 숫자에 불과하다고 부추겼다. 그러나 아직은 예쁘니 생긴 대로 살라는 자들도 반은 되었다.

결국 의견은 반반이었다. 모두 일리 있는 말들이었다. 그들의 말을 참고는 했지만 어차피 결정은 내 몫이었다. 과감하게 결단했다. 병원도 예약금 치른 K 성형외과보다 자연스럽게 한다고 소문난 Y 성형외과로 번복 결정하고 날을 확정했다.

주변에서는 문자를 보내왔다.

"드디어 대역사가 이루어진다는 소식 반갑습니다. 수술 후 틀림없이 젊었을 때의 아름다운 모습 되찾으시리라 생각됩니다. 겁먹지 마시고 모든 걸 의사에게 맡기세요! 기도할게요~."

수술 날, 두려움으로 마음이 안정되지 않았다. 대기실에서 기도를 드렸다. 남들은 내 인상이 퍽 좋다고 하는데 눈이 홉떠져 인상까지 못 쓰게 바뀌지면 어쩌나? 염려를 안고 수술대에 올랐다. 불안한 마음에서 벗어나려고 내공을 들였다. 부분 마취라 의식은 있었다.

차츰 의사의 손이 정교하고 정성스레 움직이는 것을 느끼면서 신뢰가 갔다.

'예쁘게 해주겠지. 얼마나 많은 사람들이 하는 일인데 쓸데없는 걱정 말아야지.'

두어 시간 걸려 수술은 끝났다.

'아, 이걸 가지고 그동안 고민했구나. 나라에서 10% 징벌적 부가세까지 물린다는 눈 성형, 내가 드디어 이렇게….'

수술대에서 내려왔다. 눈이 부어서인지 시야가 흐렸다. 상담실장은 자연스럽게 됐다며 아주 예뻐질 거란 말을 내 옆으로 쫓아오면서까지 세 번이나 했다. 그토록 갈망했던 때와 달리 예뻐진다는데도 무덤덤하게 들렸다. 땀이나 화장품이 눈에 안 들어갈 테니까 좋겠다는 생각은 더욱 안 들었다. 웬일인지 어리벙벙하고 허탈하기조차했다.

집으로 돌아오는 길에는 발걸음이 허둥거렸다. 질병으로 꼭 해야만 할 수술도 못하고 있는 불우한 사람들도 떠올랐다. 그들을 위한 특별히 무슨 거룩한 사명감이 있는 것도 아닌데 고가의 성형수술이 그리 떳떳하지만은 않았다.

'꼭 하지 않아도 되었는데….' 잠시 후회도 되었다.

수술 전에는 예상하지 못한 마음이었다.

그러나 내 마음 한켠에 있는 진짜 마음이 말했다.

'아니야. 그래도 하고 싶었어.'

선무당 가위질

여성회관 헤어컷반에 등록한 것은 순전히 K 때문이었다. 핸드폰에 세 번이나 찍힌 부재중 통화를 보고 연락했더니 자기랑 함께 헤어 컷 공부를 하자는 것이었다.

난데없이 머리 자르는 공부를 하자니 픽 웃음이 나왔다. 그런데 그녀는 진지했다. 자기 교회에서 여름에 미얀마로 봉사를 가는데 헤어컷 기술을 배워 동참하려 한다 했다.

그래서 고양여성회관 미용강좌 야간반을 알아보니 대부분 젊은 이들이어서 나이 든 친구가 필요하다고 했다. 난 손재주도 없고 그 시간이 마침 공부하고 있는 영어시간과 중복되었다. 그러나 그녀의 끈질긴 권유와 교회 일이라는 데 대한 부담, 그보다 생전 처음 해보는 것에 대한 호기심이 일어서 그만 수락하고 말았다.

첫날은 오리엔테이션을 하고 기구를 구입했다. 한두 가지가 아니었다. 날렵하게 생긴 가위, 톱날 달린 핑킹가위, 전동식 바리깡, 작은 면도 바리깡, 뾰족뾰족한 헤어컷 칼 등 처음 보는 것들이었다.

실습수업이라서 남녀 가발, 가발스탠드도 샀다. 배우려면 다 사야 하는 것들인데 가격이 만만찮았다.

둘째 날이 되었다. 좀 늦어서 3층 헤어컷 교실에 숨차게 올라갔더니 K는 이미 와서 웃으며 나를 맞았다. 그리고는 머뭇거리면서 말을 꺼냈다.

"아무래도 나는 못하겠어요. 여름방학 전까지 배운다 해도 남의 나라 사람 머리는 못 깎아줄 것 같아 그만두려고요."

"어? 그럼 나는 어떡하라고요!"

어이가 없었다. 순간적으로 혼란스러웠다. 그러나 그를 따라 그만두기는 싫었다.

'혼자라도 해보지 뭐.'

젊은이들 틈에 끼여 결석 한 번 하지 않고 배웠다. 둥글게 자르는 이사도라, 가운데를 올려 자르는 스파니엘. 이름을 외우면서 이론과 실제를 익혔다. 가발에 물 스프레이, 빗기고 자르고, 한 걸음 뒤로 물러서서 이쪽저쪽 균형이 맞는지, 비대칭이면 고개를 갸우뚱거리면서 다시 수정 가위질…. 최선을 다했다. 가발이 다 잘려지면 다시 새 가발을 사서 몰두했다. 그럼에도 2~30대 젊은이들 솜씨와는 비교할 수 없었다. 한심스러웠다.

"아니에요. 잘하시는데요."

그 말도 위로와 격려일 뿐, 바리깡질을 하다보면 머리를 푹 파먹곤 했다. 가발이니 망정이지 만약 실제 사람 머리를 그렇게 만들어 놓으면 울고불고 난리 날 일이었다. 그래도 열심히 했다. 강사의 손이 어떻게 움직이는지 눈여겨보며 핸드폰으로 동영상을 찍고 집에 와서 수시로 열어 보았다.

8개월이 지났다. 가위와 바리깡을 들면 자신감이 들 법도 하건만 그렇지를 못했다. 설상가상으로 함께 배우는 젊은이들 중 한 사람이 나를 할머니라고 불렀다. 고작 자기 부모뻘인데 굳이 할머니라고 부르다니. 내가 할머니인 건 맞지만 40대 여자의 할머니는 아니지 않는가. 그 소리가 싫었다. 그러다보니 그녀가 미워져서 함께 배우고 싶지 않았다.

강사는 가족의 머리라도 깎아 주려면 1년은 공부해야 한다고 4개월만 더 해보라고 했다. 그러나 이만큼 가르쳐 주어 감사하다고 마지막 인사를 했다.

그런데 중단하고 나니 문제가 생겼다. 사람을 보면 머리 모양만 눈에 보이기 시작했다. 전철, 에스컬레이터, 슈퍼, 어디서든 사람들의 머리 모양만 쳐다보는 게 일상이 되었다. 심지어 주일날 교회에서 예배드리는 중에도 앞 사람들의 뒤통수만 보였다.

'저 장로님은 자연스럽게 가위질로 깎았고, 이 집사는 바리깡으로 바짝 쳤네. 저 권사님 머리? 이사도라 스타일이군. 나도 저 정도는 자를 수 있지…….'

헤어컷 평가를 하느라 목사님 설교도 헛듣고 있었다.

아파트 단지 내에서도 노인들이 허연 머리를 길게 하고 지나면 발이 멈칫했다.

'할아버지, 제가 머리 좀 잘라드리고 싶은데요.'

목구멍까지 솟는 말을 집어 삼키곤 했다. 상대는 누가 되었든 간에 가발 아닌 실제 머리를 깎아 보고 싶은 생각을 주체하기 어려웠다. 애가 탈 정도로 손이 근질거렸다.

주말이 되었다. 세 아들 가족이 왔다. 며느리들에게 너희들 지금 머리 그 정도는 깎아 줄 수 있다고 조심스럽게 말했더니 말없이 웃기만 했다. 아들들에게는 깎아 주겠다고 단호하게 말하며 접근했다. 내가 낳은 아들들이 아닌가. 그러나 큰아들은 당치도 않다는 듯이 45도 머리를 틀어 소파 뒤로 젖히며 말했다.

"됐슈~."

말수 적은 둘째는 솜씨를 믿어도 될까 하는 눈빛으로 웃음만 띠었다.

셋째는 씩씩하게 말했다.

"엄마 솜씨가 검증되면 실습용으로 머리 대드릴게요."

할 수 없이 손자손녀들을 둘러보았다. 정말 깎아보고 싶은 마음이 절절했다. 큰손자는 6학년인데 앞머리를 눈 위까지 늘어뜨려 한껏 멋을 내고 있었다. 조금만, 아주 조금만 자연스럽게 깎아 주겠다고 했더니 기겁하여 손사래를 치면서 큰방으로 도망쳤다.

이 모습들이 안되어 보였던지 둘째 며느리가 인심을 썼다.

"길러주려고 하니까요 어머니, 중리 앞머리만 눈썹 닿을 정도로 잘라 주세요."

물을 만난 물고기마냥 신바람이 났다. 에이프런을 두르고 가위질을 시작했다. 네 살배기가 언제 미장원을 가 봤는지 고개를 아래로 숙였다. 조심조심 눈썹에 맞춰 잘랐다. "삭삭" 가위 소리가 얼마나 듣기 좋던지 일류 미용사라도 된 듯했다.

"다 깎았다. 중리야!"

손녀는 고개를 들었다. 순간 눈이 휘둥그레졌다. 아니, 이게 웬일인가! 분명 눈썹에 맞춰 잘랐건만 손녀의 앞머리는 이마빡 중간으로 껑충 올라가 있는 것이었다.

온 집안이 웃음바다가 되었다. 그러나 나는 며느리 눈치 살피기에 바빴다. 다행히 같이 웃고 있어 안심이 되었다. 영문을 모르는 어린것은 식구들이 왜 저를 보고 웃는지 몰라 어안이 벙벙한 채 서 있었다. 그걸 사진까지 찍었다.

"할미 첫 작품 기념이다."

남편이 결론짓듯 말했다.

"뭐라 말 안 할 테니 앞으로 내 머리나 깎어 보슈."

이튿날 친구들에게 카톡으로 손녀 사진을 보냈다.

"짤라당 깎은 손녀 머리, 이 할미 솜씨유~."

즉답이 왔다.

"우리 만날 때는 절대 가위를 소지하지 마시오!"

며칠 후 둘째 아들집에 갔다. 거실에 들어서자 아들이 혼자 소파에 앉아 있었다. 왠지 분위기도 썰렁했다.

"무슨 일이 있어?"

한참만에야 작은 소리로 대답했다.

"중리가 중경이 머리 깎아놓아서요."

방문을 열어 보니 두 살 배기 둘째 손녀의 앞머리는 이마 중간이 아니라 맨 꼭대기까지 올라가 붙어 있었다. 두상이 큰 편인 얼굴은 앞머리가 몽땅 잘려나가서인지 달덩이처럼 허옇게 더 커져 있었다. 며느리는 울먹였다.

"한참 길러주는 머리였는데……."

'아뿔싸! 이 노릇을 어쩌나. 계집애 두 아이를 저리 만들어 놓았으니!'

아들은 제 아내에게 가위를 잘못 챙겨 두었다고 나무랐다고 했다. 며느리는 그러잖아도 큰아이를 때려 주며, 이도 저도 다 속상해 죽겠는데 남편에게 질책까지 받았으니 오죽 속이 상했을까. 며느리에게 아무 말도 할 수 없었다. 한숨이 절로 나왔다.

선무당이 사람 잡는다고 오로지 나의 선무당 가위질 때문이었다. 이 할미가 가위질을 그렇게 하고 싶었듯이 저도 그랬나 보다.

애꿎게 매까지 맞은 큰손녀는 엄마에게 왜 맞았는지도 모를 것이다. 아들 내외에게 미안하다는 말도 제대로 못하고 집으로 돌아오는 내내 목이 바짝바짝 타는 것 같고 발걸음은 허둥거렸다. 시간이 어서 흐르기만 바랄 뿐이었다.

돌이켜보면 40년 넘는 교직현장에서도 알게 모르게 선무당 가위질을 얼마나 많이 해댔을까……. 지금에서야 사죄하는 마음으로 용서를 구하는 기도를 하고 있다.

선생 할미

손자가 자식보다 예쁘다는 것은 누구나 하는 말이다. 나도 큰아들에게서 첫손자를 보았을 때 환희와 설렘은 마치 하늘로 붕 떠오르는 것만 같았다. 할머니가 되었다는 건 늙었다는 것인데도 뭐가 좋은지 그냥 신바람이 났다. 내 성격을 잘 아는 사촌 여동생이 말했다.

"그래두 언니가 손자보구는 좋아허네."

모였던 친척들이 동감인 듯 한바탕 웃었다. 나는 내 아이 셋을 낳고도 볼에 뽀뽀 한 번 해본 적 없이 키운 목석같은 어미였다. 그런 내가 손자를 보고 그리도 좋아하는 것이 의외였나 보다.

손자가 자라면서 하는 짓마다 귀여웠다. 우리 집에 오면 만사 뿌리치고 거실에 놓인 전축 앞으로 아장아장 걸어가는 것까지 그렇게 신기하고 예뻤다.

그 전축은 결혼 초 벼르고 별러서 월급 서너 달치가 넘는 거금으로 산 까만 케이스가 있는 인켈전축이었다. 마치 문화인의 반열에나 오른 듯 각종 음반도 구입해서 꽝꽝 거실을 울려댔다. 동료들의 부러움도 샀다. 그 후 잦은 이사에도 가보처럼 여기며 소중하게 다뤘다. 신식 오디오가 나오니 거추장스럽기도 했지만 여전히 아끼며 간수해서 새것 같았다. 그런 전축인데 손자는 오기만 하면 그걸 만지고 각종 스위치, 다이얼, 플러그를 빼내는 것이었다. 안 빠지면 어떻게 그리 궁리도 잘하는지, 고사리 같은 손으로 이리저리 돌려가며 몽땅 빼 내곤 했다.

그러고 가면 빼낸 부속품들을 다시 주워 제자리 꽂는 일은 감당이 안 되었다. 결국 여기저기 구조물이 떨어져 나간 전축은 고물이 되어갔다. 그래도 남편과 나는 그런 손자가 대견해서 입이 벌어졌다. 만약 내 자식이 그랬다면 호되게 꾸중했을 것이다. 손자가 할아버지 수염을 뽑아도 허허 했다는 옛말이 그래서 있구나 싶었다.

그 손자가 어느덧 초등학생이 되었다. 유치원 때 외갓집 옆으로 이사해 서울에서 학교를 다녔다. 처음에는 주일에 함께 다니던 교회에 와서 예배를 드리더니 교회마저 서울로 옮겼다. 손자를 볼 수 있는 기회가 줄어들었다.

어느 날이었다. 아들이 다니는 회사에서 가족에게 주는 것이라고 콘도, 레저 시설 등을 무료로 사용할 수 있는 카드를 가지고 왔다. 5인 가족카드 중 저희 네 식구, 그리고 하나 남은 걸로 내 것을 만들었다고 했다.

"아무래도 엄마가 더 많이 쓰실 것 같아서요. 전국 대명시설 어디든 사용할 수 있어요. 맘 놓고 쓰세요."

내 사진이 박힌 금색카드를 손바닥에 놓고 보니 조선팔도가 내 유람지인 듯 마음이 들떴다.

그때 옆에서 쳐다보던 손자가 정색하며 불쑥 말했다.

"아빠. 우리 할머닌?"

우리 할머니는 곧 외할머니를 이르는 말이었다. 그 소릴 듣자마자 나는 금세 밴댕이 속 같은 할미가 되었다. 카드가 문제가 아니었다.

"우리 할머니라니. 그럼 난 누구냐?"

손자 머리에 알밤까지 쥐어박았다. 손자는 날 쳐다보며 똑 부러지게 대답을 했다.

"할머닌 교회 할머니요."

아들 내외는 안절부절못하며 내 눈치를 살폈다.

'눈에 넣어도 아프지 않게 귀여워했던 손자였건만….'

석연찮은 여운을 남긴 채 아들 가족은 돌아갔다.

배웅을 잘해 보냈지만 아무래도 서운했다. 내 좁은 속을 탓하며 이해해 보려고 해도 욱했던 마음이 가시지 않았다. 아들며느리에게 동시에 문자를 보냈다.

"중희가 외할머니와 가까이 사니 자주 보고 정이 더 든 것은 사실이다. 그러나 4학년이나 되었으면 가족관계나 '우리'라는 말을 국어적인 측면으로도 이해할 나이다. 개념 정립을 시키기 바란다."

금방 아들에게서 전화가 왔다.

"어머니, 그러잖아도 중희, 저쪽 방에서 제 엄마한테 혼나고 있어요. 죄송해요."

둘째 아들에게서는 손녀를 먼저 보았다. 이제 다섯 살, 유치원생이 제법 그림 동화를 그리고 스스로 짓기도 한다. 거기다가 실감나게 구연하고 있는 모습을 보면 얼마나 대견한지 막 자랑하고 싶었다. 그래서 여고시절 친구에게 손녀가 네 살에 한글 줄줄, 이제 동화까지 쓴다고 자랑했다.

"아이구, 야! 요새 애덜 다 그래!"

머쓱했던 그 후로 모임에 가서 자랑을 하고 싶어 목이 근질거려도 참는다. 그런데 그 영리한 손녀가 이번 추석 전날 우리 집 잠자리에서 하는 말이라니.

"아빠, 오늘은 조춘호 할머니 집에서 자고 내일은 군산 할머니한테 가는 거야?"

아니 이건 또 무슨 소리? 조춘호 선생이란 말은 평생 듣고 살지만 조춘호 할머니란 말은 듣느니 처음이었다. 난데없이 세게 한 방 맞은 듯했다. 순간 퉁명스런 물음이 툭 튀어나왔다.

"조춘호 할머니가 누군데?"

눈만 멀뚱히 뜬 채 대답을 하지 않았다. 제 딸을 재우려던 아들이 옆에서 힐끗 내 표정을 보며 변명하듯 말했다.

"아버지가 가족 이름을 다 가르쳐줘서 그래요."

아무리 할아버지 가르침으로 다 외웠다 할지라도 '조춘호 할머니'라니….

손녀의 이 희한한 호칭에 나는 또 큰손자 교회할머니 때처럼 고까운 마음이 들고 말았다.

내년에 낳게 될 셋째 아들 손주는 날 무슨 할머니라 부를까 생각해 보았다. 외가와 친가가 한 마을에 사니 아파트 이름을 붙여 외할머니는 '기산 할머니' 나는 '한진 할머니'라고 부르지 않을까? 어떤 기상천외한 호칭이 나올지 두고 봐야 알 일이다.

그러나 생각해 보면 그런 호칭은 내 탓이었다. 어린 날 나는 어머니보다 할머니 따뜻한 품속이 더 좋았다. 내가 잘못해도 언제나 자애롭기만 했던 나의 할머니! 그런데 나는 손주들에게 그런 할머니가 되어주지 못했다. 무뚝뚝한 성격에 없는 갈롱(간능)까지 떨며 한껏 손자손녀에게는 다정다감하려고 노력했지만 그들이 내 품속을 파고들 만큼 살가운 할머니는 아니었던 것이다.

떼를 쓰고 칭얼댈 때는 가슴에 품고 다독거리기보다는 이유가 뭐냐고 따져 묻는 게 먼저였다. 장난감이나 인형을 사주며 때에 따라서는 쇼맨십으로 웃겨주기도 했으나 그때도 이건 이렇게! 저건 저렇게! 선생 티를 냈다. 철따라 바깥에 나가 진달래 암술싸움도 하고, 잣나무 밑에 떨어진 잣방울을 가지고 놀아 주면서도 설명하는 걸 빼놓지 않았다. 누가 몇 개 더 주웠는지 가감산 문장제도 만들어 답을 요구했다. 못 말리는 43년 선생 할미였다.

특히 먹는 데에선 더 했다. 저희들 좋아하는 마이쮸를 사 주면서도 이를 썩게 한다며 하루 두 개만 먹는다는 조건을 달았다. 식탁에서 밥에 든 콩을 골라내면 성장에 영향을 미치는 균형 잡힌 식사의 중요성, 콩의 단백질이 얼마나 우수한데 안 먹느냐며 훈계를 했다. 그러면서 막무가내로 먹게 했다. 한술 더 떠 집에 가서도 반드시 먹도록 손가락을 걸었다. 파를 안 먹는 손주에겐 머리가 나빠져 공부를 못하게 된다고 그럴듯하게 이론을 만들어 거짓말까지 했다.

무엇이 됐든 싫은 걸 강요하는 할머니였다. 며느리들은 시어미의 그 모습이 우격다짐이라고 생각했는지 조심스럽게 말했다.

"나중에 좀 더 크면 먹더라구요."

그러면 그러더냐고 해도 좋으련만 나는 쉽게 넘어가지 않았다.

"어릴 때부터 편식 습관은 어미가 만드는 거야. 고쳐줘."

제 어미까지 나무라는 할미가 손주들에게 포근하게 느껴질 리가 없었다. 더구나 요즘은 조기 한자교육에 접어들었다. 만나기만 하면 꼼짝 못하게 껴안고 아비 부! 어미 모! 가르치고 있으니 그런 나에게 어찌 교회 할머니, 조춘호 할머니란 수식이 붙지 않겠는가?

"강아지와 어린애도 저 좋아하는 줄은 안다."라는 속담처럼 우리 손주들도 훈육할미보다는 어디서나 치맛자락 붙잡고 늘어질 수 있는 따뜻한 할머니가 좋을 것이다. 그렇다면 내가 먼저 변화되어야 한다는 것이 정답이다. 그래야만 손주들이 할머니라고 부르며 손 벌리고 뛰어올 것이다. 그런데 그렇게 변해보자고 다짐해도 나는 선생 할미를 못 벗어날 것 같다.

손주들만 보면 매사에 가르치고 싶은 생각이 먼저 드는 걸 어쩌나.

'에구, 그러니 교회 할머니, 조춘호 할머니지.'

3부
작은 부끄러움

잊을 수 없는 선생님

나는 시골 초등학교를 졸업하고 읍내에 단 하나 있는 여중에 진학했다. 하숙집의 노란 백열등은 너무 밝아 새 세상이었고 까만 교복에 하얀 칼라의 신입생 여중생활은 싱그럽기만 했다. 그런데 학교에 가면 선생님들은 교과 수업보다 우리가 여학생 신분임을 더 강조했다. 만약 남학생을 만나 교제한다면 퇴학당할 수도 있다고 했다. 얼마나 엄격하게 옭죄는 말을 하는지 열세 살의 나는 여학교 규칙이 무섭게만 느껴졌다. 어기면 큰일 날 것만 같았다. 그러던 어느 날 학교에서 오른쪽 잔등이 쪼개지는 듯 아프기 시작했다.

하숙집에 와서 통증을 호소했다. 하숙집 아줌마는 겉으로 보기에는 아무렇지 않은데 이상하다고 달래듯 말했다. 할 수 없이 그냥 참아냈다. 그러나 다음 날은 더 아팠다. 무슨 큰 병에 걸린 것도 같아 집이 그리워 울었다. 아줌마는 안쓰러웠던지 저녁 식사 후 시내 병원에 함께 가보자고 서둘렀다. 그러나 그 시각은 학교에서 귀가 닳도록 들은 '야간 외출 금지' 시각이었다.

"안 돼요. 지금 가다 들키면 큰일나요."

선생님 만나면 내가 잘 이야기해준다고 걱정 말라는 아줌마를 따라나섰다. 사복 착용도 금지사항이었기 때문에 교복으로 갈아입었다. 아무리 병원 가는 거지만 야간외출 단속에 걸리면 어쩌나 하는 두려움으로 아줌마 옆에 바짝 붙어서 두리번거리며 걸었다. 다행히 의사는 별것 아닌 신경통이라고 했다. 그래서인지 덜 아픈 것 같았다. 그러나 하숙집에 돌아와서도 이상하다는 생각은 떨칠 수 없었다.

'어째 선생님이 없었지?'

날이 저물기만 하면 시내에 선생님들이 쫙 깔리는 줄로만 알았다. 병원에 다녀오기까지 순찰하는 선생님을 만나지 않은 게 신기하기만 했다. 오히려 안 들킨 것이 허탈한 느낌이었다. 그 후 나는 알을 깨고 나온 애벌레가 되었다. 점점 교칙이 무섭지 않다는 생각이 들었다.

중3이 되어 함께 방을 쓰자는 친구의 요청으로 하숙집을 옮겼다. 그때 나는 방과 후 탁구에 빠져 있었다. 해가 져서 공이 보이지 않을 때까지 복도에 놓인 탁구대 앞에서 몇몇 친구들과 떠날 줄을 몰랐다. 어둑해져서야 부랴부랴 교문을 나서면 그때부터 저녁 밥상 걱정으로 가슴이 무거웠다. 다른 하숙생은 이미 밥을 먹고 치울 시간이었기 때문이었다. 그래도 아줌마는 귀찮다는 말 한마디 없이 독상을 차려 주셨다. 안절부절못하는 내 얼굴을 보며 사랑으로 이해해 주셨던 것 같다. 그렇게 염치없는 하숙생이었다.

기말고사를 앞두고 있을 때였다. 저녁에 반 친구 두 명이 나와 공부를 같이하고 싶다고 왔다. 친구에게 책상을 내 주고 나는 방바닥에 엎드려 시험공부를 했다. 그때 아줌마가 우리 방문을 열면서 말했다.

"나, 영화 구경 좀 하고 올게. 〈외나무다리〉가 들어왔대."

순간 나도 모르게 말이 튀어나왔다.

"나도 보고 싶다."

"보고 싶어? 그럼 같이 가."

시험을 앞두고 공부하던 학생이 말도 안 되는 소리였다. 더구나 야간 외출, 연소자 유흥극장 출입, 사복 착용. 세 가지 금지 사항 모두를 어기는 일이었다. 교칙 위반 중에도 중죄를 짓는 일이었다. 그러나 1학년 때 이후 알게 모르게 배짱이 생겼을까? 아니라고 하면서도 솔깃하는 표정을 지었다. 아줌마는 그러는 내가 몹시 영화를 보고 싶어 한다고 생각했는지 재차 같이 가자고 했다. 그냥 해본 말이라며 한 발 뒤로 뺐다. 그런데도 아줌마는 어서 나오라며 마루에서 기다렸다. 1년이면 줄서서 학생단체 입장으로 영화 두어 편 보는 것이 고작이었으니 보고 싶기도 했다. 마침내 사복 차림으로 따라나섰다. 함께 공부하러 온 친구들도 말리지 않았다. 잘 보고 오라고까지 했다.

시장 입구에 단 하나 있는 극장은 꽤 사람들이 많았다. 아줌마가 내 표까지 끊어서 앞자리에 나란히 앉았다. 대한뉴스가 끝나고 〈외나무다리〉 영화가 시작되었다. 당대 최고 인기배우 최무룡, 김지미가 주연이었다. 줄거리는 잘 기억나지 않지만 총천연색 멜로 영화였던 것은 틀림없다. 아줌마는 감동을 하는 듯 가끔 "저런 못된!" 추임새를 넣기도 했다.

영화가 끝나자마자 내가 먼저 일어나 급히 통로로 나갔다. 아무래도 죄책감 때문에 편치 않았기 때문이었다. 그런데 통로 끝 극장 출입구에 가까이 갔을 때였다. 아뿔사! 학생과장 선생님이 안경을 번득이며 나를 응시하고 있었다. 아찔했다. 얼떨결에 엉거주춤 머리만 숙이는 인사를 했다. 선생님은 아무 말 없이 잠시 동안 빤히 내 얼굴만 뚫어지게 쳐다보셨다. 그때 나는 온몸에 힘이 쏘옥 빠져나가는 것 같았다. 어디론가 붕 떠서 얼른 그곳을 벗어나고 싶었다. 나를 본 선생님이 오히려 무표정한 채 다른 통로 쪽을 향해 걸어가셨다.

현행범이 된 나는 천천히 걸어나오는 하숙집 아줌마 앞으로 가서 기어드는 소리로 말했다.

"선생님 만났어요. 학생과장 선생님이요."

아줌마도 금세 걱정스런 얼굴로 변했다.

"어디 계셔? 안 온다는 걸 내가 억지로 데리고 왔다고 빌어 볼게."

그러나 다른 통로 아래쪽으로 천천히 걸어가는 선생님의 뒷모습을 멍하니 바라보기만 했다.

그날 밤 시험공부는 안중에도 없었다. 아무래도 그냥 넘어갈 사건이 아니었다.

'교무실로 불려가서 어쩌면 야단만 맞을지도 몰라. 아니야. 아니지. 틀림없이 정학이야.'

영락없는 정학 감이었다. 다음 날 학교에서 종일 불안했다. 어떤 벌이 내려져도 감수하리란 단단한 각오를 하며 호출을 기다렸다.

그런데 하루 종일 기다려도 날 찾는단 전갈도, 방송도 들리지 않았다. 하교시간이 되자 슬그머니 안도감이 생겼다.

'그래, 선생님이 날 못 알아보신 거야! 설마 조춘호일까? 하셨겠지.'

'무슨 소리야. 내 얼굴 앞으로 고개를 쑥 내밀어서까지 날 확인하셨잖아.'

극장 안이 어둑해서 나를 못 알아보았을 거라고 단정 짓고 싶었지만 나를 빤히 바라보시다가 무표정한 모습으로 그 자리를 피한

선생님이었다.

반장이란 놈이 다른 때도 아니고 시험시기에 참 어처구니없고 황당했을 선생님. 믿었던 만큼 실망감도 배신감도 컸으련만 선생님은 졸업할 때까지 내게 아무 말씀도 하지 않으셨다.

나 또한 아무 일도 없었던 양 뻔뻔스럽게 학교에 다녔다.

지금 생각해 보면 그때 만일 선생님이 교칙대로 엄중한 벌을 내렸다면 수석졸업은 불가능했을 것이다. 그뿐이었을까. 여린 마음에 잘못했다는 반성보다는 상처 입은 자존심에 그 후의 여고생활은 과연 순탄할 수 있었을까? 어쩌면 큰 과오 없이 일생을 살아올 수 있었던 것 모두가 그 시절 선생님의 너그럽고 깊은 용서 때문인지도 모른다.

잊을 수 없는 선생님. 선생님이 보고 싶다.

비뚠 손가락

어릴 적 내 고향 서산은 매우 넓었다. 지금은 태안군이 분리되어 나갔지만 결혼 후 집을 떠나기 전에는 안면도를 비롯한 태안반도 해안 모두가 서산군 행정구역이었다. 그래서 사람들은 서산이라기보다는 '스태안'(서산태안)이라고 불렀다.

그런 넓은 땅 서산태안에 여학교라곤 서산읍내 변두리에 있는 서산여중고 하나뿐이었다. 전교생이 400명 남짓. 내가 중학교에 입학했을 때 고3은 한 학급으로 겨우 27명이었다.

그래서였는지 중고교 병설로 교장, 교감도 한 분씩이었고 교사도 중고생 구분 없이 가르쳤다.

선생님도 모자라 가사 선생님에게 영어를 배웠다. 그런 오지 학교를 벗어나려고 객지에서 온 교사들은 1~2년 근무하면 떠나곤 했다. 그러나 고향이 서산이고 나이 드신 선생님들은 근무연한제도도 없었는지 붙박이로 계셨다. 재미있는 역사 이야기 하나 들려주지 않고 교과서 본위로만 가르치던 젊은 국사 선생님과 할아버지 같은 음악 선생님에게 우리는 중1부터 고3까지 6년을 배웠다.

음악시간에는 운동장을 거쳐 특별실인 음악실로 갔다. 바로 기숙사 식당이었다. 전면 우측에는 검정 피아노 한 대가 있었다. 기숙사생 식탁을 책상 삼아 공부했다. 음식 냄새가 날 듯 말 듯 퀴퀴한 그곳에서 연로한 음악 선생님은 이론보다는 노래를 주로 가르치셨다. 수업 시작 전에는 "조춘호!" 한 번 외쳐놓고 〈아 목동아〉를 비롯한 가곡을 신나게 피아노 치셨다.

나는 자리에서 일어나 선생님 반주에 맞춰 목청을 뽑았다. 내 노래가 끝나면 그때야 수업을 시작하셨던 Y 선생님. 아이들도 내 노래가 싫지 않았는지 그러려니 했다. 요즘 같으면 말도 안 되는 편애요, 수업방법 등 민원 감이라고 생각된다.

그 음악실에서 밥을 먹으며 나는 기숙사 생활을 했다. 운동장가 끝에 지어진 기와 한옥이 기숙사였다. 위채는 1호실부터 5호실까지, 아래채에는 6호실부터 10호실까지 있었다. 딸을 유학 보낸 시골 부모님들은 그곳이 다 큰 딸의 안전하게 맡길 수 있는 믿음 터라고 여겼다. 위채 한가운데 3호실에는 안경을 번뜩이는 중년과부 L 사감선생님이 아래채까지 감찰하고 계셨기 때문이었다. 저녁 10시면 방장이 인원보고를 했다.

한 방에는 중1부터 고3, 학년 중복이 안 되도록 4~5명을 배정했고 제일 높은 학년 학생이 방장이었다. 상급생이 나이가 적어도 깍듯이 언니라고 불러야 했다. 그러나 사감님의 행동에서 〈B사감과 러브레터〉의 B사감 비슷한 낌새를 알아챌 때에는 위계 상관없이 모두 머리를 맞대어 숙덕거리며 주시했다.

지금 생각해도 놀랍다. 현진건은 여자 기숙사 생태를 어찌 그리도 잘 알았을까? 기숙사 생활에서 문제는 겨울이었다. 두어 뼘 되는 쪽마루 밑에 연탄 아궁이가 있었다. 제시간에 연탄을 갈지 못해 연탄불이 꺼지면 밤새 냉방에서 떠는 것은 물론 연탄불 쇠뚜껑 위의 양은 양동이 온수도 쓸 수 없었다. 연탄 가는 책임은 군대 졸병처럼 막내가 담당했는데 죽은 불을 살리기 위해 연탄집게를 들고 이 방 저 방 찾아다니며 아쉬운 소리를 했다. 불씨 시간을 맞추느라 연탄 아궁이를 수시로 들여다보자니 숙제시간도 빼앗겼다. 그러나 막내들은 자기들 책임이란 불문율 때문인지 불평불만 없이 그 일을 해냈다.

2학기에 방식구들을 교체했다. 내가 방장이던 8호실에는 5명으로 중2생이 막내였다. 얼마나 야무지고 책임감이 강한지 가을, 겨울이 다 가도록 불 한번 꺼뜨리는 법이 없었다.

위채, 아래채 사이 안마당 장독대 옆에는 두레박 우물이 있었는데 그 샘에서 누런 양동이에 물을 가득 길어 연탄 쇠덮개 위에 올려놓는 일도 열심히 했다. 어린것이 힘에 부쳐 가며 낑낑댄 덕분에 방 식구들은 온수를 실컷 쓸 수 있었다. 공부도 우등생이었다. 다른 방에서도 모두들 S는 똑부러진다고 인정했다.

그런데 그에게는 8호실 방장인 내가 늘 문제였다. 막내지만 몇 번이고 나를 질책하듯 권고하며 불만을 털어놓았다. 아니 애원하는 것 같았다.

"언니, 조금만 일찍 일어나유. 바께스 뜨건 물 다 읎어졌슈."

방장 언니 물은 좀 남겨놓고 쓰라 해도 듣지 않는다며 이도 저도 속상한 얼굴이었다.

"다시 올려 놨는디, 원제 데워질지 물류."

아침이면 일제히 세수를 하니까 양동이 더운 물이 모자란 것은 당연했다. 막내는 제일 먼저 방장이 뜨건 물을 써야 한다고 생각했다. 많이 쓰든 적게 쓰든 방장언니가 쓰고 남은 물로 네 명이 나눠 쓰는 게 순서이며 도리라고 여겼다. 그런데 의식 없이 써버리는 방 식구는 물론, 이불 속에서 꿈쩍도 않는 방장을 보며 매사 완벽한 막내는 답답하고 한심스러워 했다. 그래도 나는 태연했다.

"S야, 괜찮어. 걱정 마. 찬물이면 시수洗手 뭇허냐?"

어릴 적 작은아버지가 나에게 지어 준 별명은 '잠칭蟲이'였다.

밥을 못 먹어도 좋고 학교 지각을 할지라도 잘 만큼 실컷 자야만 일어나는 습성을 아셨기 때문이다. 오죽했으면 벌레라고 했을까. 그 고질적인 버릇이 기숙사라고 어디 가랴.

그러나 나는 늦게 일어났을망정 혹시 하고 양동이 물에 손을 넣어보곤 했다. 언제 올려놓았는지 찬물의 냉기 그대로였다. 그렇다면 굳이 그 물을 퍼다 쓸 필요가 없었다.

샘에 가서 물을 길어 대야 가득 찬물로 세수를 했다. 엄동설한 얼음장 된 손과 얼굴은 수건으로 닦고 방에 들어와도 얼얼했다. 굽어지지 않을 정도의 아린 손.

그러나 8호실 식구들은 방장언니의 자업자득이라고 여겼는지 모두 그러려니 관심도 없었다. 이제 아예 마음 놓고 뜨건 물을 다 써버렸다. 그러나 막내는 여전히 맘이 편치 않았다.

"춘호 언니, 좀만 일찍 일어나 뜨건 물루 세수허유. 증 뭇 일어나겄슈?"

"어허, 신경 쓰지 말라니께! 괜찮다구 혔잖어."

그러나 대답대로 괜찮은 것이 아니었다. 겨우내 그러다 보니 오른 손가락들 감각이 이상하고 부어오르는 것 같았다. 살빛조차 불그스름해지는 것이 틀림없이 틀 징조였다. 슬슬 가렵기까지 했다. 교실에서 아이들은 동상凍傷 걸렸다고 했다.

토요일에 집에 가서 어머니께 보였다.

"어이구 시상世上이! 이게 웬일여, 살성까지 여린 것이 객지에서 얼음 백였구먼."

어머니는 어린 딸의 손이 안쓰러워 마음만 아팠지, 잠자느라 더운 물 못 쓰고 그 지경이 된 것은 꿈에도 몰랐다. 얼음을 뺀다는 약재 뿌리를 구해 닳이기 시작했다.

그날부터 거멓게 고아진 그 물에 손을 담그고 잤다.

그렇게 달인 물과 콩 자루에 손을 넣고 자는 민간요법 치료를 하다 보니 봄이 왔다.

그러나 찬물에 손을 담그면 동상 걸린 오른손은 겨울 못잖게 살을 에는 듯했다

여름이 되었다. 부어오른 것도 내리고 가려운 증상도 없이 동상은 사라진 것 같았다.

'어? 근데 이상해?'

어느 날 우연히 손을 펴니 오른손 넷째 손가락이 비딱하게 우측을 향해 쳐들고 있었다. 셋째 손가락과 나란히 붙지 않고 손가락 끝부분이 녹두알만큼 틈이 벌어지는 것이었다.

'왜 이러지?'

억지로 셋째 손가락에 끌어다 붙이며 평행이 되도록 해보았지만 손을 떼면 다시 제멋대로 비뚤어졌다. 왜 이렇게 되었을까? 만져보니 손가락 마디 사이에 딱딱하게 들어있는 게 있었다. 동상이 남긴 흔적, 얼음 박혔던 근육이 굳어진 것 같았다. 그 굳어진 근육을 풀

기 위해 막 주물렀다. 교실에서도 틈나는 대로 열심히 주물렀다. 그러나 소용없었다. 그 후 50년 넘게 주물렀지만 근육이 아예 석회석으로 변했는지 끝내 손가락은 곧게 펴지지 않았고 지금도 손에 잡히는 것이 있다. 그러나 당시보다는 좋아져서 요즘은 쌀알 들어갈 만큼만 벌어진다.

'넌 어려서나 늙어서나 오매불망 잠을 향해 쳐들고 있구나. 비뚤어졌어도 괜찮다.'

그렇게 평행을 마다하고 쳐들고 있는 넷째 손가락은 열심히 잔 잠의 훈장이다.

일생 살아오면서 '소원이 무엇이냐?' 물어 오는 사람에게 하는 내 대답은 늘 한결같았다.

"실컷 자는 거요."

그런 내가 손가락 하나 비뚤어진 것쯤이야.

여덟 번째 계명

TV를 켜자마자 어둑한 길에 움직이는 한 사람의 희미한 모습이 보였다. 35세의 회사원이 낮에는 일하고 밤에는 빈집을 찾아 도둑질 하고 돌아가는 CCTV 장면을 뉴스로 보도하고 있었다. 요즘 연속극의 제목처럼 '도둑놈 도둑님'들을 하루가 멀다 하고 수시로 보도하니 놀랍지도 않았다.

언제 어떻게 그 수법을 익혔을지, 양심 불감증의 그 젊은이가 불쌍하며 한심스러웠다.

그러나 인간의 도둑질은 창세 때부터 있었다. 창조주가 모세에게 십계명중의 8계로 내리실 만큼.

시골 모교 교사로 첫 발령을 받아 4학년 여자 반을 담임했을 때였다. 한참 신나게 수업을 하고 있는데 갑자기 어떤 아이가 돈을 잃어버렸다고 울상을 했다. 어떻게 해야 할지 난감했다. 아이들은 볼 것도 없이 L의 짓이라고 수군수군했다. 지금까지 도난사건은 매번 L짓이었다며 낙인을 찍었다. 눈두덩이 유난히 붉게 생긴 그 아이를 바라보았다. 긴장한 듯했지만 멀쩡한 얼굴을 하고 있었다. 그러나 몸이나 가방을 수색해 보는 일은 차마 할 수 없었다. 누구든 바르게 살아야 한다는 교사 초년생의 정직성 훈계로 그치고 말았다.

이듬해는 1학년을 맡았다. 73명이었다. 복닥복닥한 교실보다 힘든 것은 한 달이 멀다하고 분실 사건이 터지는 일이었다. 특히 하교 시간 신발이 바뀌거나 아예 없어지는 일은 한 달에도 몇 번씩 생겼다. 신발장에 한결같이 놓인 '타이어표' 검정 고무신은 누구 것인지 알 길이 없었다. 어떤 부모는 신 코빼기에 흰 실로 열십자, 혹은 뒤꿈치에 한 일자로 표시해 줬다. 바쁜 농촌 일손으로는 그도 쉽지 않았던지 그저 고무신 크기와 닳기 정도로 아이들은 내 것을 알아 신었다. 그런데도 없어지거나 바뀌곤 했다.

"엊그제 옴마가 사 줬단 말유. 내 신발은 새 거란 말유." 집에 가면 혼난다고 앙앙 울어대는 아이에게 내일 찾아보자고 달래며 남은 헌 고무신을 신겨 보낼 때는 클클하기만 했다. 그러나 아예 신발이 없어져 맨발로 울고 있는 아이 앞에서는 난감하다 못해 같이 울고 싶을 지경이었다. 학교 구석구석을 뒤져 뒹구는 헌 신발이 하나라도 나오면 그나마 다행으로 사이즈도 맞지 않는 걸 신겨 보냈다.

검정 고무신 외에도 여덟 살배기가 모인 1학년 교실 안에서 도난 사건은 수시로 터졌다. 당시 초등학교에는 육성회비를 매월 걷었다. 월 20원을 넘지 않았던 것 같다. 수업 시작 전 담임은 수금원이었다. 그런데 그 돈이 가끔 없어지는 것이었다. 때때로 발생되는 일을 교사 초년 때처럼 훈계로만 그칠 수는 없었다. 눈이 큰 남자아이가 더 큰 눈으로 잃어버렸다고 내게 호소하던 날, 나도 모두 눈을 감으라며 아이들 양심에 호소했다. 그러나 이도 저도 말짱 헛수고였다. 이제 거짓으름장을 놓아 보았다.

"가져간 자는 입에 침이 말라 입술이 타고 있네요."

그 말이 끝나자 아이 두어 명이 혀를 내밀어 위 입술에 침을 발랐다.

"눈도 떨리고 얼굴도 붉게 변하고 있어요."

그러면 눈을 꾹꾹 눌러가며 얼굴을 만지는 아이도 있었다. 훔친 아이는 하나일 텐데 몇 명이 그러니 이 방법으로는 찾아내기 어려웠을 뿐 아니라 선생이 할 일이 아니었다. 그러나 그냥 넘어갈 수도 없었다. 선생님은 다 알고 있노라고 근엄하게 말하면서 아이들을 살폈다. 그때 1분단 가운데 아이 하나의 손이 슬그머니 옆자리 의자 밑으로 가는 게 보였다. 휴우….

모두 눈 뜨게 시켰다. 평온한 음성으로 교실 분위기를 바꿨다.

"수영이가 돈을 흘리고 잃어버렸다고 한 것 같아요. 혹시? 밑바닥을 모두 한 번 살펴봐 줘요."

모두 고개를 책상 밑으로 숙여 찾기 시작했다. 그때 가져갔던 녀석 옆 자리 아이가 누가 흘렸다며 지폐 한 장을 들고 나왔다. 자기 돈은 스스로 잘 챙기는 게 중요하다는 훈화로 마감했다.

교무실에서 그 이야길 했더니 어떤 교사는 눈을 감게 한 후 솔잎을 입에 물렸다고 했다.

남의 것을 가져간 사람은 점점 솔잎이 자란다고 했더니 앞니로 솔잎을 똑똑 끊어내는 아이가 있어 그렇게 찾아낸 적이 있다고 했다. 교사마다 경험담이 다양했다.

3학년을 담임했을 때도 마찬가지로 사건은 일어났다. 공부를 썩 잘하는 영리한 아이인데 남의 돈에 손을 댄 심증이 감지되었다. 몰래 불러 부드럽게 회유해 보았으나 시치미를 딱 뗐다. 그러나 또 그냥 지나칠 수도 없어서 학급생 전원을 한 줄로 길게 세워 숙직실 앞으로 갔다. 숙직실 벽에는 빨간색 화재경보기가 부착되어 있었다. 아이들은 처음 보는 것이라 신기해했지만 거짓말도둑 탐지기란 말에 숙연해졌다.

"이제부터 여기에 자기 가슴을 대는 거예요. 정직한 어린이는 소리가 안 나지만…."

숙직실 문을 열고 하나씩 들어오는 아이들은 한결같이 얼굴이 굳었다. 소심한 아이는 떨면서 대고 나갔다. 이제 심증이 가는 아이의 차례가 되었다. 경보기 앞에서 머뭇거렸다. 가슴을 대보라는 말에 오히려 한 걸음 뒤로 물러섰다. 부드럽게 물었다.

"어디에 돈이 있어?"

"변소 뒤 자갈 밑에요."

아이들을 교실에 보내고 눈치 안 채게 둘이 옥외 변소, 빗물이 떨어져도 땅이 파이지 않도록 처마 밑에 깔아 놓은 자갈무더기로 따라갔다. 그중 큰 돌멩이를 서슴없이 떠들더니 접혀진 돈을 꺼내 내게 내밀었다.

'아, 이 영리한 아이가!'

꾸중도 사랑의 포용도 할 수 없었다. 실망과 배신감이 덮쳐왔다.

교실에서는 돈 말고 소소한 학용품이 없어지는 일은 부지기수였다. 요즘 교실에는 버려진 임자 없는 학용품이 천지다. 교사가 찾아 주려고 해도 아무도 관심이 없다. 그러나 1960년 말 시골에서는 연필과 지우개, 칼, 크레파스가 천금처럼 소중했다. 어느 날, 여자아이가 크레파스가 없어졌다고 집에 가면 혼난다며 대성통곡을 했다.

학급생 전원은 그 큰 울음소리로 인해 겁에 질린 얼굴을 했다.

같이 앉은 사람끼리 서로 바꿔 책상 속에 있는 것을 모두 꺼내 책상 위에 놓으라고 했다. 그때 잃어버린 아이 뒷자리에 앉은 남자아이가 소릴 질렀다.

"선생님, 여기 P 책보에 있슈."

부피가 있는 것이라 단번에 찾아냈다. P는 미처 다른 곳에 숨겨 놓지 못했던 것이다. 두려운 기색이나 죄의식도 없어 보이는 무덤덤한 얼굴로 크레파스를 책상 끝으로 밀어놓았다. 우리 집 등성이 너머 사는 남자아이였다. P의 할머니는 어머니 또래로 가끔 우리 집에 와서 어머니와 대화를 나누다 가기도 했다.

'어려서 철이 없어 그럴까? 어찌 그런 일을….'

퇴근 후 어머니께 학교에서 일어났던 일을 말했다. 어머니는 의외로 퍽 안타까워하셨다.

"걔 할아버지가 그렇더니, 아들도 그렇고, 손자가 또…. 대 내려왔구나."

밤이슬 맞고 다녔다는 그 집안의 내력이란 것이었다. 대물림은 왜 있을까? 성장기를 통해 자연스런 상탁하부정上濁下不淨일까. 아니면 유전적인 피 흐름이 있는 것일까.

그렇게 도벽성이 습관적으로 나타나는 아이는 당시 어느 반에서나 다 있는 일이어서 교사들 고통 중의 하나였다. 그래서 어떤 교사는 생활기록부 행동 평가란에 양상군자梁上君子라고 쓸까 하다가 "남의 것을 내 것으로 착각하는 경향이 있음"이라고 서술했다고 해서 웃기도 했다. 그러나 나는 생활기록부가 영구보관이었던 그 시절 차마 그런 표현을 남길 수 없었다. 그러나 이제 깨닫는 것은 도벽성 아이를 찾아내어 8번째 계명을 지키자고 훈계하고 임자에게 되돌려

주는 것만으로 문제해결의 끝이 아니었다는 것이다.

아이들은 아무리 철부지라지만 선악을 구분할 줄 알고 선생의 훈계가 당연하다는 것도 안다. 그러나 양심을 제어하지 못하고 바늘도둑이 소 도둑이 되던 아이들, 나는 그들을 바꾸는 스승이 되었어야 했다. 그것은 영혼에 울림을 줄 만큼 무한한 사랑과 관심을 줬을 때 가능한 것이었다. 아이가 진심으로 반성할 때까지 품에 안았어야 했고 두 가슴이 뜨겁게 만나 뜨거운 눈물을 나눴어야 했다. 그리고 후에도 손길을 더 주며 신뢰했어야 했다. 그런데 고작 형사 노릇이나 했다. 이제와 지난날을 돌이켜보며 마음이 아프다. 그 아이들을 하나하나 생각하면서 깊은 기도를 하고 있다.

'혹여 하나라도 지금 뉴스에 나온 젊은이처럼 살고 있는 자 있다면 인도해 주소서!'

그러나 믿고 싶다. 그들이 여덟 번째 계명을 지키며 어디선가 다 올곧게 살고 있으리라고. 또한 분실 때마다 관련 없는 아이들에게까지 두려움과 상처를 준 선생을 그들이 이해하고 용서할 수 있기를 기도한다.

세뇌의 신비

며칠 전 드라마 판타지 〈가리워진 시간〉이란 영화를 보았다. 주인공은 수린과 성민. 엄마를 잃은 후 새아빠와 함께 화노도로 이사 온 수린은 자신만의 공상에 빠져 홀로 지내는 초등학교 여학생이었다. 전학 온 수린에게 성민이가 먼저 다가왔다. 둘만의 암호랄까, 둘만의 공간에서 추억을 쌓아갔다. 어느 날 둘은 언덕에 올라갔다. 성민은 누워서 하늘을 바라보며 자기가 떠오르고 있다고 했다. 그 말대로 성민은 공중으로 서서히 올라가고 있었다. 세뇌된 환상일까, 최면일까.

영화를 보며 나는 47년 전 교사 시절을 떠올렸다.

요즘은 사이버 연수도 있지만 그 시절 교사들은 방학 동안 도시로 가서 강습을 받았다. 타지 교사들은 하숙하며 직무연수를 받아야만 했다. 나는 서산군의 시골 학교 교사로서 대전까지 가서 교육을 받았다. '반공도덕' 연수였다. 120시간짜리였는데 지금도 기억하는 것은 공산당의 '세뇌교육'이다. 사전적 의미로는 뇌를 씻어내는 brainwashing 교육이다. 강사는 북한 공산당이 인민에게 하는 세뇌교육 예를 많이 들려주었다. 김일성을 신격화하는 세뇌교육, 특히 간첩을 남파할 때는 국가에 철저한 공산주의자로 충성시키기 위한 독특한 세뇌기술과정이 있다고 했다. 이 교육을 받으면 누구나 진심으로 설복되고 어떤 색깔도 빨강이라고 하면 빨강으로 확신한다고 했다. 6 · 25 당시 포로가 된 유엔군들을 공산주의자로 전향시키고 실재하지도 않았던 세균전쟁과 같은 범죄를 저질렀다고 고백하도록 만든 것도 이 세뇌교육의 힘이었다고 했다.

객지 연수를 마치고 1학년 70여 명이 있는 교실로 돌아왔다. 과연 세뇌교육 효과가 있는 것인지, 어느 날 수업을 마치고 아이들에게 질문을 했다.

"여기 보세요! 이 칠판 색깔이 무슨 색이죠?"

"까만색요!"

하찮은 질문이라는 표정이었다.

"에이, 이게 무슨 까만색야? 빨강 칠판이잖아!"

내 말에 아이들은 와르르 웃어댔다. 선생님이 돈 것 같다는 표정을 지었다.

"잘 봐봐. 이 칠판 색은 정말 빨강이란 말이야. 선생님은 빨갛게 보이는데?"

기막히다는 듯 여전히 웃는 아이와 눈을 동그랗게 떠가는 아이들에게 나는 빨간 칠판이라고 강조했다. 웃거나 말거나 반복, 반복하여 빨간 칠판이라고 했다.

"지금 순희가 입고 있는 저 빨간색 블라우스, 그 색과 똑같잖아! 그렇게 안 보여요?"

"선생님은 그렇게 보이는데…. 너희들은 왜 그렇게 안 보일까? 이상하다."

이제 아이들의 눈빛은 선생님 말이 정말일까, 하는 의구심으로 심각해지고 있었다. 그때를 맞춰 질문을 했다.

"이 칠판, 빨갛게 보이는 사람은 손들어 봐요!"

대여섯 명이 쭈뼛, 주위를 살피며 손을 들었다. 그것 보라며 바르게 본 어린이라고 칭찬했다. 그리고 이처럼 칠판은 틀림없는 빨강색이라고 강요하듯 주입시켰다. 그러다 보니 아이들은 이제 웃기는커녕 칠판에 몰두하여 시선을 집중했다. 나 역시 까만 칠판 속에서 빨간색 분자가 튀어 나오는 환각을 느꼈다. 이러다가 내 정신이 어떻게 되는 게 아닌가? 아이들도 그럴 것 같아 겁이 났다. 지록위마指鹿爲馬도 유분수지. 최종 검증으로 마무리해야겠다고 생각했다.

"여러분, 이 칠판이 지금 빨강으로 보이는 사람은 손 들어 봐요!"

아뿔싸, 순진무구한 아이들은 거의 다 손을 들었다. 반복 주입한 결과는 놀라웠다. 선생님 말대로 그렇게 알아지고 믿어지고 보여진 것이었다. 잠시 동안에 본디 가지고 있는 까만 칠판을 빨강으로 바꿔 놓다니! 지식이나 의식을 교사가 바꿔 넣는다고 해서 이렇게 세뇌가 된단 말인가…. 과학적으로 알 수 없으나 사람의 뇌는 휘장에 가린 신비가 있는 것 같았다. 아이들에게 미안하다며 공산당의 세뇌교육이 바로 그와 같은 거라고 이해시킨 후 하교시켰다.

몇 년 전 홍콩 시민들이 중국 공산당에게 항의하는 데모 피켓을 동영상에서 보았다.

"아유我有독립獨立사고思考 불요不要세뇌교육洗腦教育"

세뇌교육이 필요치 않는다는 내용이었다. 1997년 영국에서 중국으로 주권이 반환되었건만 홍콩 주민들 의식은 영국령으로 다시 돌아가고 싶다며 강하게 '중국 이탈'을 요구했다. 아이들에게 중국공산당 숭배를 주입시키고 인간 심성에 대해 계산된 파괴를 세뇌교육으로 하고 있다는 것이 이유였다. 이처럼 세뇌는 공산국가에서 하는 교육 방법이었다.

요즘 우리나라는 국민이 아닌, 무소불위의 권력을 가진 대통령이 세뇌를 당했다고 연일 보도가 되고 있다. 어머니 육영수의 목소리를 들려준다는 '최태민 최면술'로 박근혜 대통령이 세뇌당하고 그 딸 최순실에게까지 철저히 세뇌되었다는 것이다. 촛불 민심, 퇴진,

탄핵에 몰리는 위기까지 맞고 있는 그녀는 과연 오감을 막고 옥석을 가릴 분별심을 마비시킨 그 세뇌 성에서 머물렀을까.

세뇌는 참 신비로운 것이다.

부끄러운 'A뻘'

1980년대 중반, 전국의 교육대학에서는 야간과 계절학기로 4년 학제를 개설했다. 야간 학급은 주중의 저녁, 계절 학급은 2년 반 동안 방학과 토요일에 수강하는 것이었다. 학사학위가 없어 대학원 진학을 못하던 2년제 교대 졸업 교사들에게는 더할 나위 없이 좋은 제도였다. 그래서 신설 1기에는 정원이 넘쳐 입학도 어려웠다.

나는 동료 한 사람과 뜻을 같이하여 인천교대 제2기 계절 학급국어교육과에 신청하러 갔다. 그러나 이미 마감되었다고 했다. 교육학과에 겨우 자리가 남아 있어서 서른 후반 나이로 동갑나기 둘은 초등교육학과 계절 학급 신입생이 되었다. 제물포역에서 내려 인천교대까지 걷는 길은 그런 만학도 교사들로 붐볐다. 첫 학기엔 여섯 과목을 수강했다. 시험도 치렀다. 우편으로 온 성적표에는 A^+가 네 개, A가 두 개였다.

'아, 나이 들어 공부한다고 학점이 후하구나.'

젊은 날 공부도 아니고 기분이 괜찮았다. 그런데 이튿날 함께 공부한 동료는 B도 있고 C학점도 한 개 있다고 했다.

'어? 학점이 다 후한 게 아니네?'

그 후도 본래 열등한 체육을 제외하고는 4학기가 지나도록 학점은 계속 A 이상을 유지했다. 평균 A학점 이상자에게는 졸업식에 우등상도 준다고 했다. 전체에서 두세 명 정도 나올 거라고 했다. 이대로라면 나도 우등생으로 졸업할 것 같았다.

'끝까지 잘해서 우등상을 타 보자.'

그런데 문제가 생겼다. 마지막 학기에 컴퓨터 과목이 있는 것이었다. 우리나라 컴퓨터 교육이 막 도입되던 그때였다. 당시 교육 내용은 오로지 BASIC 프로그램을 작성하는 것이었다. 생전 처음 접해보는 것이었다. 10행, 20행, 30행… 프로그램을 작성해서 맨 끝에 OK가 나오면 성공인데 40 나이에 그리 쉽지가 않았다. 아무리 열심히 듣고 이해하려 해도 막히는 곳이 있었다. 나만 그런 게 아니었다. 모두 넘지 못하는 벽을 타고 있었다. 게다가 1기생 중에는 컴퓨터에서 F학점을 받아서 졸업을 못한 사람이 있다고 빅뉴스로 소문이 떠돌았다. 매우 엄격하게 학점관리를 하는 교수라고 했다.

생각 끝에 별수 없이 집에 8비트 컴퓨터를 사들였다. 당시에는 컴퓨터 있는 집이 거의 없었다. 학교에도 없었다. 구경조차 어려운 희귀한 물건이었다. 우리 아이들은 피아노 건반보다 프로그램대로 자판을 누르면 동요가 나오는 컴퓨터를 신기해 했다. 세 놈들이 고개를 맞대고 번갈아 톡톡 눌러대며 좋아했다. 그러다 아이들이 잠이 들면 나는 강의시간에 해결 안 되었던 BASIC 프로그램을 집중하여 작성해보고 컴퓨터로 실습해 보았다.

"와, OK다!"

기쁨 가득한 성취감이 늦은 밤 나를 붕 뜨게 했다. 학교에 가서 컴퓨터 교수에게 자신만만하게 내보였다. 그러나 교수는 고개를 갸우뚱했다.

"조 선생님은 정도가 아닌 방법으로 OK를 만들었어요. 딱 걸리는 데를 못 넘네…."

실망스러웠다. 걸리는 데를 왜 못 넘는지 도무지 찾을 길이 없었다. 더 열심히 했다. 잠자리에 누우면 천장에 컴퓨터 자판과 BASIC 행들이 왔다갔다 했다.

그래도 다행인 것은 반에 컴퓨터를 잘하는 총각 N 선생님이 있어 물을 수 있는 일이었다. 나는 그에게 걸리는 부분의 이유를 설명해 달라고 틈만 나면 염치불구하고 졸랐다. 싫어하지 않고 싱긋이 웃으면서 가르쳐주곤 했지만 그래도 나는 자신 있게 BASIC 프로그램을 작성하지 못했다. 드디어 시험날이 왔다. 일찍 학교에 가서 도서관에 들렀더니 N 선생님이 있었다. 자신 없는 부분을 또 물었다. 친절히 가르쳐 주었지만 역시 나는 헤맸다. 기도밖에 할 수 없었다.

'하나님, 저는 최선을 다해도 이 정도밖에는 할 수 없네요. 하나님 아시죠? 저 열심히 한 거요. 시험 잘 치르게 도와주세요.'

첫 시간 시험이 컴퓨터 과목이었다. 도서관을 나와 강의실로 갔다. 풀죽어 뒷문으로 들어갔다. 맨 뒷줄 귀퉁이 창가의 책상으로 갔다. 앞자리 옆자리 아무도 앉지 않아 외딴 섬마냥 외롭게 앉았다. 해보는 데까지 최선을 하겠다는 마음만으로 차분하게 다시 기도를 드렸다.

드디어 교수 두 명이 시험지 뭉치를 들고 들어오더니 강의실 전체를 쑤욱 훑었다. 커닝 못하게 기를 죽이는 것 같은 표정이었다. 그러더니 팔을 길게 뻗쳐 나를 가리켰다.

"어이, 저기 맨 뒤 앉은 선생님, 이리 나와요. 이리! 여기 앉으세요!"

위협적인 음성으로 지정해 준 자리는 맨 앞줄 한 중앙 빈 책상이었다. 시키는 대로 걸어나가 앉으면서 보니 바로 옆 왼쪽 자리에는 N 선생님이 앉아 있었다. 처음부터 앞자리에 자신만만하게 앉아있는 그가 부러웠다. 시험지가 돌려졌다. 역시 BASIC 프로그램 작성 5문제였다. 열심히 답안지를 써 내려갔다. 고개 하나를 넘지 못하는 그 실력이었지만 그런대로 할 수 있었다. 한참 몰입하여 답안지를 다 작성하고 재확인하고 있을 때였다. N 선생님 옆자리에서 무슨 소리가 조그맣게 들렸다.

"이쪽으로 좀 가깝게 놔 봐요."

놀라 고개를 들어 보니 나이 지긋한 남자 교사가 N 선생님의 답안지를 베끼고 있었다.

'어머, 아니 감독 눈은?'

고개를 들어보니 교탁 앞에 서 있던 감독 교수는 커닝 기미가 안 보여 밖으로 나갔는지 없었다. 뒤를 돌아보았다. 뒤에 선 교수도 뒷짐을 지고 허공을 바라보고 있었다. 이때 내 마음에 사악함이 꿈틀거렸다.

'커닝할 기회?'

이것저것 생각할 겨를도 없이 마음이 급했다. 1번부터 내가 쓴 답안지와 그 젊은 교사의 답안지 행을 정신없이 비교하기 시작했다. 다행스럽게도 4문제까지 내가 쓴 답안지와 같아서 떨리는 가슴이 진정되었다. 그러나 맨 끝 문제, 뭔가 석연찮다고 생각했었는데 역시 뒷부분 행에서 내 답과 달랐다. 재빠르게 그와 다르게 작성한 행을 지웠다. 가슴은 졸아들고 손에는 가벼운 경련이 일었다. 그러면서도 그의 답을 훔쳐 베끼기 시작했다. 다행히 행의 첫머리만 보면 이해가 금방 되어서 베끼는 것은 쉽고 빨랐다. 그러고 나니 종이 울렸다. 답안지를 걷어 갔다. 결국 그 젊은 N 선생님답안지와 내 답안지는 한 행도 다르지 않았다. 쉬는 시간이 되었는데도 자리에서 일어날 수 없었다. 입술을 깨물고 고개를 숙였다. 그러나 나는 스스로 변명했다. 애초에 커닝 생각은 전혀 하지 않았다고. 그러니까 맨 뒤 혼자 앉았는데 감독 교수가 오인하고 잘하는 선생님 옆에다 앉혀 놓았으니 별수 없었다고. 더구나 다 커닝한 게 아니고 끝 문제 일부뿐이었지 않느냐고.

결국 컴퓨터 과목에 A+를 받았다. 부끄러운 'A뽈'이었다.

졸업식 날 평균 A를 넘은 학생 셋이 강단에 올라가 학장 우등상을 받았다. 그중에 나도 올라갔다. 인천 교육감상까지도 받았다.

그 A뽈이 아니었어도 상은 받았으련만…. 순간의 사악했던 욕심!

내 생애에 지울 수 없는 부끄러움으로 살아 있다.

만년 초보

1979년 송탄시 송신학교에 근무하던 때였다. 겨울방학에 자동차 운전학원 강사가 학교로 와 1종 보통 필기시험 연수를 해준다고 했다. 면허증을 따고 싶은 사람은 신청하라고 공고가 났다. 80여 명의 교직원 중 운전면허를 가진 사람은 단 한 명도 없었다. 그렇다고 희망자도 많지 않았다. 겨우 남자교사 7명이 신청했다. 여교사는 35명이었는데 모두 도리질을 했다. 그러나 나는 솔깃한 마음이 생겨 동학년 여교사들에게 충동질을 했다.

"어이구, 그거 배워서 뭐에 쓰게? 나중에 남편이 태워주면 타면 되지."

그래도 결국은 나를 포함한 3명의 여교사가 신청을 했다. 방학 2주간 학교로 온 운전학원 강사는 판서를 해가며 열심히 가르쳤다.

이해되는 것도 있고 무슨 소린지 알 수 없는 내용도 있으나 열심히 들었다. 고등학교 때 배운 4행정 기관, 흡입-압축-폭발-배기도 공부했다. 크랭크축, 캠축 등을 알 리가 없었지만 필기시험대비 무조건 외웠다.

이론이 끝나고 실습은 시내 변두리 허허벌판에 있는 학원 교습장으로 갔다. 코스는 합격 공식대로 했지만 장거리 연습은 기계치인지 두려움 때문인지 시키는 대로 해도 실수 반복이었다. 클러치를 빨리 떼어서 시동도 꺼졌다. 그러나 방학 내내 네 살배기 막내아들을 데리고 버스를 타고 누구보다도 열심히 연습하러 다녔다. 그때 내가 세상에서 제일 부러운 사람은 운전강사였다.

드디어 면허시험날이 다가왔다. 살을 에는 겨울 새벽 6시, 송탄 운전학원에서 봉고차로 출발해서 인천 간석동 면허시험장에 도착했다.

응시생은 2~3백 명 되는 것 같았다. 그 많은 사람 중에 절반도 합격이 안 된다고 했다. 그러나 나는 필기시험 100점을 시작으로 코스와 주행까지 단번에 통과하는 기적 같은 일을 해 냈다. 아, 단방 합격이라니!

그러나 같이 간 동료 여교사 둘은 우선 코스 실기에 떨어지자 다시 하지 않겠다며 씁쓸한 표정으로 포기 선언을 했다. 내가 권해서 시작했던 그녀들이라 어찌나 미안했던지.

봄이 되어 새 학기가 시작되었다. 학부형 총회가 열렸다. 교장선생님은 담임교사들을 소개했다. 내 차례가 되어 단상 앞으로 나갈 때였다. 한걸음 내게 다가선 교장선생님은 내 오른팔을 번쩍 들어 올리셨다.

"우리 학교 맹렬 여선생님이십니다!"

'무슨 맹렬…?' 의아해 하고 있을 때였다.

"1종 운전 면허증 소지자입니다."

뭘 이걸 가지고! 웃음이 나왔지만 역시 반응도 별로 신통치 않았다. 교장선생님만 신나셨지 학부모들은 운전면허증이 뭔지도 모르는 눈치였다. 그렇게 맹렬여성으로까지 만들어 준 면허증이건만 15년이나 장롱 속에 묻어 두었다. 적성검사를 받을 때만 몇 차례 햇볕을 쪼였다.

1990년 초 통일로변 고양시 소규모 학교로 전근을 하게 되었다.

버스와 전철을 네 번이나 바꿔 타야 하는 곳이었다. 그때야말로 자가 운전이 절실하게 필요했다. 그러나 단방 합격은 전설 속의 이야기인지 나는 핸들 잡을 용기가 나지 않았다. 더구나 우리 집 차가 수동인 게 문제였다. 자동기어의 새 차를 살 형편도 아니었다. 우선 있는 차로 운전연습을 할 수밖에 없었다.

'운동장에서 맘대로 돌아봐야지. 기어 변속이 자유스러워질 때까지!'

방학 중 근무하는 날을 운전 연습기간으로 삼았다. 학생 몇 명 되지 않는 학교지만 운동장은 무척 넓었다. 담 앞에는 4~5m쯤 높이의 은행나무가 여남은 그루 심겨져 있을 뿐 놀이터도 없었다. 운전 연습장으로선 그만이었다.

드디어 방학이 되었다. 작은 학교는 교사 수가 적어 일직을 해야 할 날수가 많다. 그래서 거의 출근하다시피 했다. 남편이 차를 학교 운동장까지 가져다주었다. 운동장은 태양이 뜨겁게 내리쬘 뿐 개미 새끼 한 마리도 없는 노란 광야였다. 운전대에 올라 거침없이 신나게 돌았다.

그러나 하루 이틀 돌다보니 지루해졌다. 그게 도로주행 연습은 될 수 없다는 것도 깨닫게 되었다. 동네 길로 나가볼까 생각했으나 어쩐지 불안했다. 그때 보인 것이 은행나무들이었다.

'옳다. 저 은행나무들 사이로 S자 운전을 해보는 거야.'

은행나무들 사이는 2m쯤 되었다. 그 사이로 몇 번 들어갔다 나왔다 성공이었다. S자 곡예는 재미있었고 자신감이 붙었다. 좀 속도를 높여도 될 것 같았다. 그 순간이었다.

'어? 이거 아닌데! 아닌데, 어떻게 해!'

차의 앞머리가 중간에 서있는 은행나무를 향해 가고 있는 게 아닌가. 급히 브레이크를 밟으면 됐으련만 그런 생각은 나지도 않았다. 어어? 어떻게 해? 하고 있을 때 이미 차의 앞머리는 은행나무를 쓰러뜨리고 멈췄다.

'이 노릇을 어쩐담!'

차문을 열고 나가 보니 보닛은 심하게 파여서 들어가 있었다. 다행히 은행나무는 뿌리가 완전히 뽑히지 않아 엉거주춤 땅에서 1m쯤 높이로 운동장을 향해 누워있었다.

그때 운동장 언덕 저만큼 학교 실습지에서 일하시던 윤 선생님이 소리를 질렀다.

"어디 다친 데 없어요? 무슨 소리가 나길래 보니까아…."

보니까 그 지경을 하고 있더란 말이었다. 나는 다친 데도 없었고 손상된 차도 문제가 아니었다. 오로지 은행나무가 걱정이었다.

전화를 한 지 한 시간이 지났을 무렵 남편이 농장에서 쓰는 1톤 트럭을 몰고 왔다. 어이없는 상황을 살피고 난 후 가지고 온 밧줄을 트럭과 은행나무에 매고 천천히 움직였다. 나무는 트럭이 하자는 대로 서서히 일어나서 반듯하게 서 줬다.

"아! 다행이다! 아, 감사, 감사!"

나는 나무를 붙잡고 남편은 삽질로 흙을 북돋고 밟아 주며 물을 길어다 부었다. 땀은 뻘뻘 흘렸지만 감쪽같았다. 그러나 내일쯤이면 시들시들해지고 누런 잎이 질지도 모른다는 생각에 마음은 클클하기만 했다. 남편은 보닛이 심하게 찌그러진 차를 보며 한심해 했지만 다행히 엔진은 상하지 않아서 별채 숙직실 옆으로 옮겨다 주었다.

며칠 후 학교에 일직 하러 갔다. 교문에 들어서자마자 넘어졌던 은행나무부터 보았다. 와! 소리 지를뻔 했다. 연둣빛 싱싱한 잎을 달고 하늘 향해 가지를 뻗고 서 있는 게 아닌가. 고맙다고 절이라도 하고 싶었다. 그날은 교장선생님이 일찍 출근해 있었다. 이실직고를 했다.

교장선생님은 내가 다치지 않아 다행이라고 했다. 마음이 가벼워졌다. 이제 나무도 살아주고 관리자에게도 면죄부를 받았으니 다시 운전 연습을 해야 할 일만 남았다.

다시 찌그러진 차를 끌고 운동장으로 나왔다. 이제 은행나무 옆에는 갈 수가 없었다. 그렇다고 뙤약볕 아래 넓은 운동장만 돌기는 역시 지루했다. 좁은 골목을 뚫고 가는 연습을 하고 싶었다. 학교 건물 뒤편의 좁은 공간을 들어가 보는 일은 어떨까 생각이 들었다. 소규모 학교라서 건물은 하나밖에 없지만 교사 뒤로 맥문동을 심어 놓은 화단과 그 사이에 차 한 대 정도 들어갈 길이 나 있었다.

'그렇지, 거기 좁은 뒤편을 들어가 보는 거야.'

그곳에 들어가 볼 생각을 하자 기분이 좋아졌다. 운동장에서 교사 쪽을 향해 핸들을 틀었다. 시멘트 벽 직각 모서리에 가까워지자 핸들을 우로 확 돌렸다. 막 들어가는 신나는 순간이었다.

"우장창! 찌지직! 찌지직!"

이게 웬일이야? 기가 막혔다. 운전석 오른쪽 앞문 유리가 조각조각 반짝이는 다이아몬드가 되어 조수석 의자 위로 벚꽃처럼 떨어지고 있었다. 차는 움직이지 않고 스스로 멈춰 섰다. 오른쪽 앞문이 모서리에 부딪친 것이었다. 난무하며 쏟아지는 유리를 한참 동안 멍하니 바라보기만 하다가 공황상태로 일어나 차에서 내렸다. 언청이 보닛에 푹 찌그러든 채 틀만 남은 앞 문! 정말 가관이었다.

울고 싶었지만 소용없었다. 그런 가관인 차를 학교 어느 구석에 세워 놓을 수도 없었다.

남편에게 또 구급 요청 전화를 했다. 어이없는 일을 저지르고 있는 아내를 보며 화를 내지도 못했다. 넓게 천천히 꺾어돌아야 하는데 그것도 모른다며 안타까워했다. 어쨌든 이 볼썽사나운 차를 학교에 둘 수는 없었다. 그러나 차는 두 대. 남편이 두 대를 운전해 갈 수는 없었다. 다음 기회에 가져가기로 하고 숙직실 옆 한적한 곳에 옮겨 놓고 커버로 차를 푹 덮어 씌웠다.

'그렇게 꼼짝 말고 숨어 있어라.'

그러나 방학이 끝나도록 차를 가져가지 못했다.

아이들은 개학하고 보니 숙직실 옆에 방학 전에 보지 못하던 동산만 한 놀이터가 생겼다. 커버를 씌웠으니 시골 아이들로서는 그게 자동차인지도 모르는 것 같았다. 1, 2학년 남자애들은 차 위로 기어오르고 내리며 신이 났다. 즐거운 놀이기구였다. 여자애들은 차 뒤에 숨으며 숨바꼭질을 했다. 나는 그걸 교무실 창문으로 내려다보면서도 그냥 놀도록 놔둘 수밖에 없었다. 마음이 아려왔지만 예부터 이왕 망가진 몸 함부로 굴린다더니 그 격이었다.

드디어 유리창 없는 찌그러진 차를 집으로 데리고 가는 날이었다. 남편이 버스를 타고 학교에 왔다. 오랜만에 커버를 벗은 차는 해방이 되어 큰 숨을 쉬는 것 같았다. 날 태우고 통일로를 거침없이 달렸다. 엔진 이상은 없으니 굴러가는 것도 이상 없었다. 삼송리 검문소에 이르렀다. 당시 검문하던 군인들은 대부분 차들을 통과시키고 간첩이나 범죄자 수배 지시 때만 차를 멈추게 하고 조사하던 터였다. 그런데 우리 차가 검문소를 막 통과하려는데 군인이 든 봉이 차 앞을 탁 가로막았다. 그런 괴물 같은 차를 탄 사람들을 수상하게 볼 수밖에 없었을 것이었다. 신분을 확인하고 나서야 보내줬다.

그 후 수리 견적을 냈으나 남편은 차라리 폐차를 하겠다고 폐차장에 가져갔다. 버리고 돌아온 남편은 안쓰러워 혼났다고 했다.

"차가 안 가려고 해. 구로동에선 멈추려고 하며 눈물을 흘리는 것 같았어. 나도 영 마음이 안 좋아."

멀쩡한 걸 제 수명대로 다하지 못하고 영결식장에 보낸 건 오로지 내 탓이었다. 10여 년 소중하게 우리 다섯 식구 태워주고 고향의 어머니 사랑을 바리바리 싣고 오던 차. 그렇게 떠나보낸 날은 허허로운 마음에 잠이 오지 않았다.

그러나 계속 교통 불편한 학교로 통근하자니 운전연습을 포기할 수는 없었다. 고양 운전학원의 도로주행 교습을 남들보다 두 배 이상 받았다. 그러고 나서 자동기어의 액센트를 구입했다. 그러나 운전에 자신감이 없고 두렵긴 마찬가지였다. '초보운전'이라고 큼직하게 붓글씨로 직접 써서 뒷유리에 붙이고 통근하길 1년. 사람들이 그만 떼라고 웃어대서 1년 만에 떼냈건만 그래도 나는 여전히 초보운전이었다. 서행만 했다. 뒤에서 차가 들이닥칠 것 같아 쉽게 차선도 못 바꿨다. 그럼에도 불구하고 당시 차 없는 동료교사 3명과 그들의 아이 둘까지 가득 태우고 출퇴근했다.

"차선 바꾸세요. 넉넉해요. 어서 바꾸라니까요!"

운전은 내가 하지만 훈수는 면허증도 없이 얻어타는 사람들이 했다.

교감 시절에는 발령받은 부천 학교에 축하차 왔던 친구들이 내 차를 탔다.

"그래 춘호야, 운전은 그렇게 조심스럽게 하는 게 좋아."

그러나 내심은 퍽 답답했던 것이다.

그 후 고양 장학사 시절은 출장이 많아 차를 수시로 굴렸다. 그래서 운전에 노련해졌다고 생각했는데 어느 날 내 차를 타게 된 K 사무원이 물었다.

"장학사님, 운전하신 지 몇 년 됐어요?"

"왜?"

"초보 같아서요."

그래도 내가 차 사고를 낸 적은 없다. 대신 남의 차에게 받힌 적은 세 번. 그때마다 남편에게 전화하면 첫 마디는 똑같았다.

"당신이 남의 차를 받았을 리는 없고 무슨 차에게 받쳤어?"

사고 수습을 하다 보면 가해 차량 운전자는 오히려 내가 문제가 있었다고 말했다.

"이쯤 했으면 어지간히 할 법도 한데…."

사고지로 차를 몰고 달려온 남편이 혼잣말을 했다.

맞다. 1종 보통 운전면허 36년, 운전경력 22년이면 어지간히 할 법도 한데 말이다.

수차례 낙방하며 겨우 면허증을 받은 사람들도 일품운전으로 방방곡곡 누비는데 맹렬 여교사, 필기 100점, 단방 실기 합격했던 나는 왜 지금까지 차선도 쉽게 못 바꾸는 초보 운전일까….

돌이켜 보면 내 인생행로 역시 이와 마찬가지였던 것 같다. 최우수 시험성적, 각종 자격, 화려하다 할 만한 경력이었다 해도 삶은 남들처럼 지혜롭지 못했다. 복잡한 도로 무수한 차를 만나도 잘 운전해 가는 실제 기술처럼 인생의 길에도 그런 기술이 필요했는데 나는 직진밖에 몰랐다. 좁은 길 굽은 길 피해갈 길, 돌이켜 갈 길도 갈 줄 알았어야 했다. 그렇지 못한 딸의 삶을 보면서 친정어머니는 돌아가시기 전, 아직도 어린애냐고 안타까워하셨고 사촌오빠들마저 동생은 곧이곧대로 그게 탈이라고 했다. 남편도 살아가면서 내 힘들어할 때 정색하며 말하곤 한다.

"지금도 소녀야? 삶이란 게 다 그런 거야."

아들들마저도 엄마가 지식은 있는지 몰라도 삶의 지혜가 없다고 말 할 때가 있다. 그러나 친구동료들은 순수해서 그렇다고 긍정적으로 말하기도 한다. 모두 내 삶의 기술이 초보운전자와 같다는 뜻임을 안다. 그런데도 차도나 인생길에서 깨달음대로 지혜롭게 가야 할 길을 여전히 못 가고 있다. 그러니 나는 영영 '만년초보'일 수밖에 없다.

잠이 많다면서요

경기도교육청 초등교육과 유아·특수 인사 담당 장학사로 근무할 때였다. 2학기 정기인사철이 되어 J 장학관이 영전하고 그 자리에 체격이 건장한 G 장학관이 전입했다. 부임 후 장학사들에게 하나하나 인사말을 건넸다. 내 차례가 되었다. 다가온 장학관이 웃으면서 하는 첫 한마디.

"조 장학사님은 잠이 많다면서요?"

부정할 수 없는 일이라 그냥 웃기만 하며 묵례했지만 설마 잠 때문에 업무 지장은 없겠지요? 하는 말이 아닌가 싶었다. 누구한테 들었을까 궁금했으나 처음 만난 상관에게 물을 수도 없었다. 퇴근 후에도 그 말이 맴돌았다. 곰곰 생각해 보아도 알 길이 없었다.

이튿날 G 장학관은 의정부에서 수원까지 대중교통 출퇴근은 시간이 너무 많이 걸리더라는 말을 했다. 그 순간 교감연수 동기인 H 교감이 번뜩 떠올랐다.

'아, 그녀의 말을 들었구나.'

연수동기생 모임에서 H를 만난 후 내 생각이 맞아떨어졌음을 알게 되었다.

1997년 여름, 남자교사 63명, 여교사 7명이 교감자격 연수를 받았다. 파주에 있는 경기도율곡연수원에서의 합숙연수였다. 입소 첫날, 연수원 숙소 중 제일 좋은 위치로 여자들은 한 방 배정을 받았다.

안양 · 김포 · 성남 · 부천 · 의정부에서 온 6명과 고양에서 간 내가 막내로, 7명은 한 달간 한 방 한 식구가 되는 기쁨을 나눴다.

이틀째였다. 일찍 일어나서 연수원 뒷산을 등산하자는 말이 누군가에게서 나왔다. 모두 좋다고 했다. 나는 불가능할 게 뻔해서 아무 말도 하지 않았다. 그러나 방 식구 모두 전원 합의로 여겼다. 다음 날 아침 일찍 산행준비로 웅성댔다. 어슴푸레 잠은 깼지만 이불 속에서 여전히 눈 감은 나로서는 몇 시쯤인지 알 수도 없었다.

"조 선생! 안 일어나요? 안 갈 거요?"

일어나기가 싫었다. 다녀들 오라는 말만 겨우 했다. 그럼 우리 먼저 간다며 6명이 나가는 것 같았다. 방안이 조용해지고 평안이 찾아들었다. 아, 이제 내 세상. 그들이 돌아올 때까지 푹 자면서 느굿한 행복을 누렸다. 이튿날 또 그 이튿날까지 나를 깨우려 했지만 그들은 알았다. 조 선생에게는 헛소리임을. 아예 나는 등산 왕따가 되었다.

그들은 산에 다녀와서는 한결같이 신바람이 났다. 상쾌한 새벽공기 예찬은 이구동성이었고 땀 흘리고 난 후의 시원한 샤워 기분, 산에 올랐던 남교사 하나가 어떻더라는 이야기까지 하루의 출발이 그렇게 활력이 솟는 것 같았다. 그렇게 떠드는 속에서도 퍼드러져 누워만 있는 나를 향해 한마디씩 던지기도 했다.

“어제도 제일 일찍, 우리보다 먼저 잤잖아. 근데도 잠이 와요?”

옆자리 J 교사는 밤에 화장실 한번 안 가고 계속 자는 내가 신기하다고까지 했다.

그러거나 말거나 대꾸는커녕 이부자리 속에서 마냥 잠의 끈을 붙들고 즐겼다.

“따닥따닥, 따닥따닥.”

볼 두드리며 화장들을 하는 모양이었다. 그때서야 나는 어쩔 수 없이 기지개를 켜며 슬슬 일어날 준비를 했다. 화장이 끝나면 아침 식사를 하러 식당으로 갈 시간이었기 때문이었다. 밥만은 함께 먹으러 가야 한다는 의무 같은 부담이 있어서 세수도 간단히, 화장도 후다닥 문지른 후 마치 언제 늦잠 잤냐는 듯이 그들과 때를 맞췄다.

식사가 끝나면 곧장 연수 장소로 갔다. 100여 명이 들어가는 강당이었는데 좌석은 자유로 선택하게 되어 있었다. 나는 맨 뒤에 앉았다. 앞자리로 오라고 손짓하는 동료들에게 고개를 저었다. 내 딴엔 속셈이 있었다. 수업시간에도 분명 잘 텐데…. 강사에게 덜 미안하려는 속셈이었다. 아니나 다를까 수업을 듣다보면 슬슬 졸음이 몰려왔다. 그때마다 책상 위에 엎드렸다. 다른 사람들은 기를 쓰고 졸음을 물리친다는데 나는 그런 노력을 해본 적이 없었다.

쉬는 시간이 되면 앞에 앉았던 연수생들이 뒤 남은 자리로 와서 자유롭게 시간을 보냈다. 그 시간만은 나도 잠에서 깨어났다. 맨 뒤에 앉았으니 앉은 그 자리에서 그들과 대화를 나눴다. 그런데 갑자기 한 사람이 놀라듯 물었다.

"이마가 왜 그래요?"

어때서? 이마에 손이 갔다. 도돌도돌하면서 푹 파인 느낌도 들었다. 거울을 보았다.

와! 시곗줄 판화가 잠의 훈장인 양 음각조각을 이루고 있었다.

시계를 찬 손을 앞 베개 삼았나 보았다. 그 정도면 아프기도 했으련만 아픈 줄도 몰랐다.

이마의 시곗줄을 알아본 사람들이 와르르 모두 웃었다. 누구는 혀를 차기도 했다.

"세상에, 밤에 그렇게 자고도…."

그러나 나는 움츠러들지도 부끄러워하지도 않았다. 같이 웃었다.

아무리 이마에 낙인이 찍혔더라도 그 시간이 행복했었기 때문이다.

어릴 적부터 어디서, 무슨 일을 하든지 잠에 대해서만은 관대했으니 교감 자격 연수라 해서 개과천선이 되겠는가.

어느덧 한 달이 지났다. 한 방 식구들과 단 한 번도 뒷산에 가 보지 못한 채 연수는 끝났다. 그렇게 내내 잠을 목격한 방 식구들이 어찌 나의 잠을 말하지 않을 수 있었으랴.

'잠이 많다면서요?' 첫인사는 당연했고 어쩜 잠은 많더라도 일은 잘하자는 G 장학관의 건배사였는지도 모른다.

그때 그 추억들이 그립다.

두 마음 피조개

화정동 세이브존 어패류 코너에서 며칠 전 피조개를 한 트레이 사 왔다. 남편은 평소 육식보다 조개구이나 생선을 즐겨 먹는다. 그래서 화정역에서 전철을 내리게 되면 지하에 연결되어 있는 세이브존 어패류코너에 들르게 된다.

그날 사 온 피조개는 개흙이 많이 묻어있었다. 여러 번 깨끗이 씻어서 덮개 프라이팬에 나란히 줄 맞춰 놓고 가스 불을 세게 지폈다.

'오늘도 남편이 좋아하며 맛있게 먹겠지?'

아내로서의 기쁨을 섞어 조개를 굽기 시작했다. 그런데 맛있게 조개 익는 냄새가 나야 할 무렵 뜻밖에 프라이팬 틈 사이로 고릿한 냄새가 코를 기분 상하게 자극해 왔다.

'이걸 어째, 분명히 조개가 상한 거야.'

그러나 조개 모두가 상할 리는 없을 것 같았다. 상한 조개 한 개가 같이 묻혀 와 이렇게 고린 냄새를 온통 풍겨댈 거라고 믿었다.

'상한 것만 골라내자. 그럼 괜찮을 거야.'

팬 뚜껑을 열고 들여다보아도 알 수 없었다. 한 개씩 뒹굴리며 찾아보아도 상했을 것 같은 조개를 구별할 길이 없어 하는 수 없이 저녁상에 구운 조개 모두를 올렸다.

"상한 것 사 왔나 봐."

아니나 다를까, 조개를 먹던 남편은 곯은 냄새가 난다며 달갑잖은 눈치였다.

"다 상한 것은 아닐 거예요. 어물전 망신 꼴뚜기가 시킨다고 썩은 것 한 개가 있는 것 같은데 못 찾아냈어요. 그냥 먹어봐요."

자기 좋아하는 것을 화정에서까지 시장 보아 더운 여름날 불 앞에서 수고해 준 아내의 말이라서인지 더 군말 없이 먹었다.

그러나 서너 개 먹어보고는 아무래도 조개 맛이 미끈미끈하고 이상하다며 한 개가 아니라 모두 싱싱하지 않다고, 날더러 잘못 사왔다고 했다.

'정말 상한 조개 사온 것이구나. 겉보기엔 멀쩡했는데…….'

마음이 클클해졌다.

"그렇다면 버려야 해요, 조개 상한 것은 몸에 안 좋아!"

조개 담은 접시를 집어 들고 속이 상한 채 일어섰다. 남편은 일어서는 나를 만류했다. 버리는 게 아깝지 않느냐며 조개의 비브리오균은 섭씨 7~80도면 죽는다면서 상했다 해도 바짝 구워 익혔으니 균은 없을 거라고 그냥 먹겠다고 했다. 그럼 깨끗이 씻어서라도 먹어 보자며 나는 이미 구워진 조갯살을 모두 빼서 흐르는 수돗물에 대고 뽀독뽀독 비벼 씻었다. 간간하고 맛있는 조개 맛을 물에 흘려보내는 것이 안타까웠다. 그러나 고린내를 없애자니 별수 없었다.

상에 올려 다시 먹었다. 짭짤한 조개 간도 없어진데다 그 상한 냄새와 싱싱하지 않은 맛은 조갯살 세포마다 깊이 박혔는지 씻기 전과 크게 다를 바 없는 고약한 냄새를 풍겼다. 아무래도 먹지 않는 게 좋겠다고 남편에게 권했다. 그래도 그냥 먹겠다며 의무처럼 먹어 줬고, 나는 더 이상 먹기 싫어 맛만 보고 말았다.

식사 후, 설거지를 하는데 거실에서 TV를 시청하던 남편이 소리쳤다.

“여보, 내 입안에서 거시침이 올라와.”

거시침? 어릴 적 쓰던 사투리로 수십 년 만에 들어보는 소리였다.

거시는 기생충인 회충, 거위를 이르는 방언이다. 1950~60년대, 가난했던 우리나라 온 국민이 회충을 뱃속에 넣고 살았을 때 그 벌레로 인하여 생기는 느끼하고 미끈한 그 침은 다 경험했다. 사람들은 그 회충 때문에 생기는 침이 아닐지라도 음식에 탈이 있어 비위가 상하고 느끼한 침이 입안에 돌면 거시침이 나온다고 했다. 그런데 이 저녁, 난데없는 그 침이라니 분명 상한 조개를 먹은 탓인 것 같았다.

다른 식품도 아니고 조개 상한 것은 지독한 식중독을 일으킬 것이 뻔한 일인데 걱정이 되었다. 그래서 독성을 다소라도 중화시킬 요량으로 신선한 참외, 토마토, 오이를 많이 깎아 후식으로 내놓으며 신경을 썼다. 그래서인지 그 저녁 무사히 탈나지 않고 넘어갔다. 염려가 컸었는데 참 다행이었다.

그런 일이 있은 지 닷새가 지나 나는 또 화정역에서 전철을 내리게 되었고 관성처럼 세이브존 어패류코너에 갔다. 상한 조개구이 이후, 여름철에는 조개를 사지 않기로 마음먹었기에 갈치, 고등어, 오징어 생선 쪽만 들여다보고 있었다. 그때 어패류코너 주인이 어느 결에 내 옆에 다가와 제주갈치 싱싱한 것을 세일한다며 말을 걸어왔다. 순간, 며칠 전 사간 피조개는 싱싱하지 않았었다고 말하고 싶었다. 그래서 다른 소비자들도 나 같은 경험을 하지 않도록 해야겠다는 생각이 들었다.

"아저씨, 지난 1일에 제가 피조개를 사갔는데요. 여름철 조개는 조심해서 파셔야 할 것 같아요."

마침 손님이 없어서, 여기서 사 간 피조개가 고약한 냄새를 풍겼고 그냥 먹었더니 거시침이 올라왔다는 남편 이야기까지, 쭉 그 저녁 상황을 다 말할 수 있었다. 주인은 의외로 잘 들어줬다. 그러니까 더 생생한 어투로 표현을 하게 되었다. 그래도 그냥 다소곳하게 수긍을 하는 것이었다. 그 태도를 보면서 그날 피조개를 사 간 다른 소비자들은 이미 항의했는지도 모른다는 생각이 들었다. 그렇지만 그의 공손한 태도에 어쩐지 미안한 감이 들었다. 그런 일이 있어 속은 상했었지만 지난 이야기이고 그걸 굳이 따질 심산으로 온 것도 아니어서 목소리를 한껏 부드럽게 하면서 말했다.

"그냥 그랬었다고 말씀드리는 거예요."

그런데 뜻밖에 아저씨는 그날 사간 영수증이 있느냐고 물으며 영수증이 있으면 환불을 해 준다는 것이었다. 나는 놀라서 그런 의도로 말한 게 아니라고 했다. 더구나 며칠 전 일이라 영수증도 없었다.

그래도 그는 구매날짜만 알면 영수증을 재발급할 수 있으니 카운터에 가서 다시 해 달래 가져오라고 했다. 정말이지 태클 걸자고 온 것이 아니고 더더구나 환불을 받으려는 마음은 꿈에도 생각하지 않은 일인데 막상 그렇게 하라고 하니까 순간 슬그머니 갈등이 생겼다.

'그래 볼까? 그래 봐?'

그러나 마음을 가다듬었다.

"그럴 마음으로 말씀드린 것이 아녜요!"

"아니요. 해 오세요!"

그 말을 재차 들으니 못 이긴 척 내 마음은 영수증을 재발급받아야겠다는 마음으로 변하기 시작했다. 결국 카운터로 발걸음을 했고 생선코너에서 해 오랬다며 계산원에게 변명처럼 설명을 했다. 계산원 아가씨는 볼펜으로 영수증의 피조개라고 찍힌 글씨 위에 친절히 동그라미까지 쳐 주었다.

"환불해드릴까요? 피조개를 대신 드릴까요?"

묻는 말에 너무도 계면쩍었다. 그런 의도는 아니었다고 또 한 번 말했다. 진심이었다. 그런데 내 속 마음에는 다른 무엇이 더 크게 작용한 것이 틀림없다. 실제 그럴 의도가 아니었다고 말하면서 영수증은 왜 재출력해 왔을까? 재발급해 갖다 주면서까지 그럴 의도가 아니었다고 말하는 내 자신은 실로 표리부동했다. 환불은 안 받겠다고 했더니, 그럼 냉장고에 진열되어 있는 피조개보다 더 싱싱한 것으로, 오늘 아침 들어온 것을 대신 주겠다면서 주인은 안으로 들어갔다. 한참 후에 조개를 트레이에 담아 와 랩으로 싸주면서 먼저 산 것보다 많이 담았다고 했다. 솔직히 손 내밀어 받기가 멋쩍고 편안치 않았다. 그래도 두 손은 나가고 있었다.

집에 오면서, 정신은 온통 피조개에만 있었다. 말과는 전혀 다른 행동을 선택한 나는 과연 어떤 사람인가?

'나는 나쁜 사람, 고린내 나는 피조개 같은 사람….

조춘호, 넌 아직 멀었어!'

'아니야 그렇지는 않아, 이걸 양심도 없는 죄라곤 할 수 없어. 내가 먼저 달라한 것도 아니고 준다고 해서 받은 것뿐이잖아.'

실로 두 마음 모두 내 마음이었다.

4부
만추의 마음으로

종이의 두 시절

어릴 적 우리 동네 집은 대부분 황토벽이었다. 한 집에 자녀가 많던 그때, 조무래기들은 흙벽과 부딪치며 그 방에서 올망졸망 자랐다. 무색옷에 흙가루가 묻어도 단벌옷이라 쉽게 빨아 입힐 수도 없었지만 벽에 바를 종이가 없었다. 그런 시골에 비료포대가 등장했다. 1959년 충주비료공장이 세워지고 농촌에도 요소비료를 사서 썼다. 집집마다 빈 포대가 몇 개씩 나왔다. 그걸 모아 황토벽에 철떡철떡 붙였다. 어디서 구했는지 거뭇거뭇 신문지를 바른 집도 생겼다. 방바닥에도 비료포대를 한 겹 바르고 왕골자리를 깔았다. 자리 틈으로 먼지가 들어가면 쓸어내기가 쉬워서 그만이었다. 그러나 어린애 똥오줌이 스며들어 자리를 들치고 닦아내다 보면 거칠거칠 보푸라기를 내면서 해졌다. 그래도 황토 흙바닥보다는 백 번, 천 번

좋았다.

6 · 25 휴전 이듬해 나는 초등학교에 입학했다. 학교에서는 국어책이랑 셈본, 우리 집 우리 학교(사회생활), 도의생활 교과서를 나눠줬다. 당시엔 모두 가로 13, 세로 18cm 정도의 4 · 6판으로 핸드북 같은 책이었다. 분량도 90쪽을 못 넘겼다. 요즘 300쪽도 넘는 A4보다 더 큰 국배판 교과서에 비하면 1/4이나 될까. 종이는 볏짚, 보릿짚으로 만든 황갈색의 마분지였다. 흔히 말똥종이라고 불렀다.

그조차 교과서 맨 뒷장 안쪽에는 유엔 운끄라에서 준 책이라고 쓰여 있었다. 그런데 1954년도 2학기부터는 운끄라도 종이 지원 형편이 안 됐는지 무상이 아니라고 문교부 장관이 명시했다. 그리고 책 값 30환으로 찍혀 나왔다.

> 六,二五사변 중 국정교과서 용지는 국제 연합 한국재건 위원단(운끄라)에서 무상으로 원조를 받아왔으나 이번부터는 유상으로 받게 되어 정가에 그 영향이 있음을 이에 밝히는 바이다.
>
> 대 한 민 국 문 교 부 장 관

책값 낼 돈이 없어 중퇴 학생들이 반에서 몇 명씩 생겼다. 6 · 25 후 GNP가 60달러 정도였다니 아프리카만도 못하게 살았을 것은 뻔하고도 남는다. 그나마 학교에 다니는 학생들조차 공책을 흔히 쓸 수 없었다. '국어 학습장'은 A4 반도 못 되는 4 · 6판에 누런 마분지 8장, 1cm 간격 다닥다닥 줄친 공책이었다. 다 쓴 후에는 지우개로

찢어지지 않게 조심조심 지우고 연필심에 침을 발라 그 위에 또 썼다. 게시고무라고 부른 지우개를 다 갖고 있는 것도 아니었다. 그러나 그땐 궁핍도 불편함도 몰랐다. 종이, 지우개만 귀했던 게 아니었다. 내가 4학년 되어 애기 새끼손가락만도 못한 12개들이 새 크레파스를 샀을 때였다.

"무슨 구룡(크레욘)을 그렇게 진덩진덩 써!"

삼촌은 한 곽 가지고 졸업했다면서 할머니는 쯧쯧거리셨다.

평택 종덕학교 근무시절 H 선생님에게 들은 이야기다. 첫 발령지가 거제도였다. 뒷간에 가니 매끈매끈한 돌멩이가 많더란다. 의아했으나 밑씻개임을 곧 알게 되었다고 했다. 섬마을은 그랬나 보았다. 농촌은 호박잎 같은 활엽을 밑씻개 감으로 썼다. 오죽하면 그 뒤처리 풀 중 '며느리밑씻개'란 식물도 있을까. 줄기 잎자루에 가시 돋친 풀을 며느리 볼일 본 후 쓰라고 줬다 해서 생긴 이름이다.

풀잎 밑씻개 철이 지나면 볏짚이 한몫했다. 볏대 서너 개를 몇 번 꺾어 둘둘 말아서 썼다. 볏짚은 성글어서 대충 역할만 한데다 꺼칠해서 찌르기까지 했다. 그러나 대책이 없었다.

친구 하나가 손자에게 밥 없어 배고팠던 어릴 적 이야기를 했더니 왜 햄버거라도 사먹지 그랬냐 했다듯이 요즘 사람들은 종이 없던 그 시절 이야기를 하면 정말이냐며 갸우뚱해 버린다.

월남전 끝 무렵이던 1970년 초반까지도 그랬다. 파병 갔던 군인들이 돌아오면서 배낭에는 건빵 봉지 말고 보들보들한 미제 두루말이 화장지 두어 통씩을 가족 선물이라고 넣어 왔었다. 시골 사람들은 처음 보는 하얀 뭉치가 종이냐며 신기해서 만져보고 눌러도 보았다.

그 시절 우리 집은 좀 나았다. 비료포대 벽지도 아니었다. 천장은 잉크색의 마름모 무늬, 벽은 구름 흘러가듯 한 그림이 그려져 있었다. 방에 누워 천정을 보면 닮은 꼴 연속무늬가 신기해서 모양 따라 눈길도 따라가보곤 했다. 변소에서도 둘째 작은아버지가 공무원이어 마분지를 사용했다. 관공서는 그때도 폐지가 나왔던 모양이다. 가끔 갖다 주시면 아껴가며 썼다. 나는 깨끗한 걸 골라 줄을 쳐 공책을 만들기도 했다.

1,000달러 소득을 목표로 해서 500달러쯤 달성하던 1970년대 중반, 동료교사 부인의 이야기다. 시골에서 대전으로 전근 와 양옥에서 살게 되었다. 화장실도 처음 써 보는 수세식이었다. 신식 변소라 화장지가 필요했다. 다섯 통을 사다가 장롱 위에 얹어 놓았다. 천연펄프 부드러운 맛을 알아버린 어린 아들은 자꾸 쳐다봤다. 그중 하나를 화장실에 걸면서 이건 손님 올 때만 쓰는 거라고 타일렀다.

신문지, 폐갱지를 쓰도록 하고 변기 옆의 헌 냄비에 버리도록 시켰다. 아들은 엄마한테 혼날까봐 화장지에는 손을 못 대고 쳐다만 보는 것이 되었다.

그런데 어느 날 집에 손님이 왔다. 방문을 열고 아들이 조심스럽게 묻더란다.

"엄마, 오늘은 손님 왔으니까 화장지 써도 돼?"

손님도 자기도 박장대소했다고 했다. 불과 40여 년 전 일이다.

1980년대 초반 송신학교에 근무하며 송탄읍에서 살 때다. 요즘은 신문 버리기가 일거리지만 그때는 마루에 차곡차곡 쌓아 놓았다.

폐휴지로 분리배출하거나 팔던 시절도 아니었다. 높이 쌓이면 묶어서 정육점에 가지고 갔다. 주인은 고맙다면서 받아들었다. 그리고는 고기를 한 칼 더 썰어 주었다. 고기는 신문지로 둘둘 말아 싸 줬다.

정육점뿐 아니고 식품가게의 두부도 물에서 건져 신문지 위에 얹어 줬다. 그것도 겨우 두부 쌀 만큼 잘라놓은 크기였다. 신문지도 금쪽 같았던 그 시절이었으니 알뜰한 사람들은 집에 와서 두부 싼 젖은 신문지를 말려서 재활용하기도 했다.

지금 우리나라는 종이가 너무 흔해빠졌다. 별별 종이가 다 많다. 그 기능을 다양하게 발휘해서 예술품으로도 승화시키는 걸 보면 놀랍다. 종이공예 전시회에 가 본 사람은 감탄 일색이다. 이처럼 좋은 종이 세상이지만 문제는 종이 낭비다. 손님 올 때만 쓰자던 화장실의 화장지는 어딜 가든 너울너울 춤추며 몇 바퀴씩 풀려나온다. 관공서의 하얀 A4 폐지도 다발로 나온다. 명분은 이면지이지만 누구도 달갑게 쓰지 않는다.

아파트 분리수거날이면 또 가관이다. 한 줄도 안 쓴 공책이 무더기로 몇 권씩 버려진다. 손가락을 벨만큼 빳빳한 복사지, 깨끗한 편지지도 뭉치로 던져져 있다. 두텁디 두꺼운 고급종이에 컬러풀한 동화책들이 탱탱하게 묶인 채 쌓여있는가 하면 수십 권의 각종 책들이 대형 마대 자루 속에서 아직은 멀쩡하다며 아우성치고 있다. 그러거나 말거나 자루 입구가 묶어지면 초록색 트럭이 와서 폐지용으로 뚝딱 싣고 가버린다.

이제 마분지 교과서, 도화지, 창호지, 비료포대를 금쪽같이 쓰던 그 시절과는 홀연히 이별하였다. 그 세대 살았던 어른들마저 잊고 있는 것 같다. 그러나 그 궁핍했던 시대를 요즘 사람들이 알았으면 좋겠다.

"그건 알아서 뭐하게?"

구 년 묵은 얘기 말라며 나를 나무랄지도 모른다.

그럴지라도 나는 오늘도 이면지를 찾아 아끼며 쓰고 있다.

영어 선생님의 망각

충남 전역의 중학교 고등학교에서 학교당 한 명씩 추천되어 도비 장학생을 선발하는 시험이 대전에서 있었다. 고등학교 1학년 때였다. 중학교 1학년 후배와 같이 갔다.

집이 대전이었던 K 영어선생님을 따라갔다. 당시 서산 시골에서 대전까지 간다는 것은 무척 힘든 일이었다. 아침에 출발한 우리는 버스로 홍성까지 2시간, 홍성에서 천안까지 기차로 2시간, 다시 천안에서 대전까지 기차로 2시간, 대전역에서 다시 시내버스를 타고 K 선생님 동네까지 하루 종일 걸려서 갔다. 차를 바꿔 탈 때마다 선생님은 우리를 챙기셨다. 근처의 여관에서 짐을 풀고 선생님 댁으로 갔다. 사모님은 우리를 정성껏 대접해주셨다.

대전에서 돌아와 주말에 집에 가 어머니에게 다녀온 이야기를 자세히 했다. 선생님이 가족을 떠나 서산 읍내에서 자취한다는 걸 들은 어머니는 모아놓은 달걀 중 20개를 곱게 꾸리셨다. 짚으로 엮어 꾸린 계란 두 꾸러미를 안고 나는 팔봉 집에서 서산읍내까지 가는 동안 깨지지 않도록 조심했다. 그리고는 어머니의 정성스런 마음의 선물을 선생님께 전해드렸다.

결혼 후 남편의 근무처를 따라 서산 팔봉모교에서 대전 유성 옆에 있는 외삼국민학교로 전근을 했다. 어느 날 대전역 앞 시내버스 정류장에서 집에 가는 버스를 기다리던 중 뜻밖에도 K 선생님을 만났다. 얼마나 기뻤던지 대전에서 찾은 행운 같았다.

예나 제나 늙지도 않고 반듯한 용모셨다. 너무 반가워서 호들갑스럽게 인사를 하며 안부를 물었다. 그런데 어? 그의 눈빛은 생소했다. 당신 누구요? 하는 무표정이었다. 웃으며 말을 계속 건넸지만 여전히 앞만 바라보고 내게 눈 맞춤도 잘 하지 않았다. 왜 이러시지? 생각하며 다그쳤다.

“선생님, 저를 모르시겠어요? 서산여고 조춘호요.”

나를 잠시 보는듯하더니 고개를 저었다.

“장학생 선발 시험 때 선생님 댁에 데리고도 갔었잖아요!”

그래도 전혀 모른다고 했다. 어떻게 이런 일이 있을 수 있을까. 가슴이 답답하니 복받쳐 왔다. 불과 10여 년 전 일을 기억 못하고 딱 잡아떼는 선생님, 계속 말해 보았자 소용없었다. 씁쓸히 집에 돌아오면서 너무 허망했다. 그 후로도 선생님이 왜 그랬는지 도저히 풀리지 않는 수수께끼였다.

요즘 치매예방 차원이라며 치매 검사를 하는 친구들이 있다. 그 뿐 아니라 알츠하이머, 파킨슨 등 각종 병들을 가진 주변 지인들도 많이 생겼다. 젊은 날에는 그런 병 이름을 듣지 조차 못했다. 다만 늙어서 정신없으면 노망들었다고만 했다. 그런데 지금 시대 건망증은 병도 아니란다. 갖가지 증상의 사람들을 보면서 나는 요즘 K 선생님에 대한 수수께끼가 풀리는 듯하다.

어쩌면 그때 선생님도 그런 기억을 못하는 병을 가졌던 게 아니었을까? 그러나 그런 병이 아니시길….

그런 적 있었나요?

충청도 땅을 벗어나 살리란 생각은 해본 적이 없던 촌뜨기가 결혼 후 남편을 따라 고향을 버리고 경기도로 전입을 했다. 발령받은 학교는 평택 고덕면 변두리 마을에 있는 12학급 규모의 학교였다.

교통편이 좋아서인지 여 교사가 반 이상 되어 한 달에 일직을 두 번 이상 하지 않는 것만으로도 좋았다. 당시 남 교사는 숙직, 여 교사는 휴일 일직을 맡았었다. 그래서 소규모 학교는 교사들의 일·숙직 부담이 컸던 터였다. 나는 가까운 곳에 집을 마련했지만 멀리서 통근하는 또래 K 교사는 어린 자녀들을 두고 휴일에도 쉬지 못하고 일직을 하러 오는 것이 안타까웠다. 그러나 대신해 줄 수 없는 처지들이었다.

K는 부부교사였다가 남편이 사직하고 도서사업차 농촌에서 상경

하여 자기도 전출해 왔다고 했다. 그녀와는 지방에서 올라온 공통점이 있는데다 아들만 둔 엄마 교사여서인지 어려운 점 등을 서로 허물없이 나누며 돕고 지냈다. 어쩌다 기회가 되면 또래인 양쪽 집 애들을 서로 만나 놀게도 했다. 사내애들이라도 시큼한 미제 사탕이랑 초콜릿을 나눠 먹으며 오순도순 잘 놀았다.

K 교사는 음식 솜씨도 있어서 도시락 반찬으로 오징어채를 맛있게 볶아왔다. 우리 집에 손님 치르던 날은 우리 주방에 와서 닭볶음탕 요리를 해주기도 했다.

그렇게 친하게 지내던 그가 봄학기에 안양으로 전근 발령이 났다. 한 시간에 한둘 있는 완행열차, 놓치면 큰일인 열차를 타고 서정리역에서 내려 또 한참 걸어 버스로 환승해야 하는 고생을 생각하면 축하하고 기뻐해야 할 일이었다. 그런데 나는 너무 허전하였다. K 교사가 없는 학교에 남아있고 싶지 않았다.

이듬해, 나도 읍내 학교로 전출하였다. 바쁘고 여유 없는 생활을 했다. 남자아이들이 둘도 아닌 셋. 두 살 터울로 올망졸망한 아들만을 키우자니 떠날 때 그토록 서운하고 애틋했던 K 교사에게 안부 한 번 보내기도 쉽지 않았다. 그냥 늘 훈훈하고 정겨운 마음속의 사람일 뿐이었다.

그런데 몇 년 후, 수원에 있는 국가보훈원에서 실시하는 연수에서 그를 만났다. 그동안 안양에서 수원으로 다시 전근해 있었다.

남편이 사업처를 수원으로 옮겼기 때문이었다.

"서점은 잘되나?"

"그냥 그래. 자기만 같으면 무슨 걱정이야."

말이 그냥 그렇다는 것이지 자기만 같으면 무슨 걱정이냐고 한숨 쉬듯 말한 걸 보면 사업이 잘되는 것 같진 않았다. 연수를 마치고 돌아와서도 그 말이 뇌리에 계속 남아 안타깝고 사업이 잘되기를 빌었다.

그 후 나는 평택에서 서울 인근 광명시에 있는 큰 학교로 전근을 하였다.

그 학교는 경기도교육청으로부터 글짓기 시범학교로 지정받고 나는 주무 담당교사가 되었다. 도에서 연구학교비가 3백만 원 배정되었다. 연구위원들이 모여 예산분배 계획을 세웠는데 1/10은 글짓기 관련도서를 구입하자고 하였다. 나는 그때 옳다! 싶었다.

'30만 원이면 어디야! K 교사 남편에게 주문해야지.'

신통하게도 이런 기회가 와서 작은 도움이라도 줄 생각을 하니 마음이 들떴다.

즉시 수원 K 교사 근무교로 전화 주문을 하였다. 책이 도착하는 날, 그의 남편이 직접 가져온다면 민망할 것 같았다. 그러나 젊은 종업원이 와서 책을 날라 다행이었다. 그는 교감 선생님 책상에 계산서를 내놓았다. 교감 선생님은 쭉 훑고 물었다.

"디스카운트는 얼마나 해 주겠어요?"

나는 뜻밖의 디스카운트 소리에 깜짝 놀랐다.

"교감 선생님! 디스카운트는 무슨 디스카운트요?"

"왜? 책은 다 몇 십 프로 깎아 사는 법이요."

의자를 젖히며 대답했다. 세상에, 나는 단 한푼도 깎아서 사고 싶지 않았다.

"교감 선생님, 전 안 깎고 싶은데요."

내 말이 가당찮다고 하였다. 대한민국에 할인하지 않고 사는 책은 없으며 모든 도서가 10%, 20% 다운해서 사는 것이 관례이고 상식이라고 했다.

"전 그런 거 몰라요. 어쨌든 저는 안 깎을래요."

교감 선생님 책상 앞에 서서 고집을 부렸다.

"허어~ 참. 책은 깎는 거라니까!'

"안 깎겠다니까요!"

교사가 감히 교감 선생님에게 도전하는 말투였다. 정말 정가대로 다 주고 싶었다.

완강한 내 태도에 교감 선생님이 백기를 들어 주었다. 손사래를 쳤다. 자기 앞에서 비키라는 뜻이었다.

"그럼 연구주임 맘대로 해! 서무실에 올라가 보라구."

3층 서무실에 종업원이 내민 계산서를 가지고 올라갔다. 경력 있는 여자 서무주임. 지금의 행정실장에게 내밀었다. 그곳에서도 교무실에서와 똑 같은 상황이 벌어졌다.

"조 주임 선생님, 책은 할인해서 사는 거예요."

그곳에서도 나는 안 그러고 싶다고 우기고 또 우겼다. 아무리 서점과 친분이 있어도 그렇지, 막무가내인 나를 이상하게 여겼을지도 모를 일이었다.

"알았어요. 청구계산서대로 다 송금할게요."

서무주임도 내 고집에 졌다. 휴우, 두 바탕 전쟁을 치렀지만 운영이 어렵다는 K 교사 남편 사업에 자그만 이익이라도 줄 수 있다는 것이 내겐 여간 기쁨이 아니었다.

이튿날 수원 K 교사에게서 전화가 왔다.

"서점 직원한테 이야기 다 들었어. 우리 애 아빠가 조 선생 수원 한번 꼭 오래, 왕갈비 사준대."

"갈비는 무슨 왕갈비!"

무엇보다도 그녀의 밝은 전화음성에 나는 대단한 일이나 한 것처럼 신이 났다.

그 후, 마음속에 늘 보고 싶고 그리웠지만 강산이 두어 번 바뀔 만큼 세월이 흘러도 우리는 만날 기회는 물론 연락 한번 못하고 지냈다. 그러다가 스승의 날 한국교총 30년 연공상 시상식에서 그녀를 만나게 되었다.

“어머, 아니! 어머 어머.”

얼마 만인가! 너무 반가워 함성이 나왔다. K 교사는 남편과 동행하고 있었다. 나는 반가움 때문에 어쩔 줄 모르게 호들갑스러워졌는데 그 내외는 작은 미소를 보내올 뿐이었다. 침착하고 담담한 부부의 표정이 나를 잠시 부끄럽게 했다. 그녀는 나잇살도 붙지 않고 옛 날씬한 체구 그대로였다. 10kg 이상 살찐 나를 관록이 붙었다고 보는 모양이었다.

“폼을 보니 교사는 아닌 것 같네요.”

전에 하지 않던 존댓말까지 썼다. 순간 거리감이 느껴졌다. 그러나 묻는 말로 여겨져 장학사가 되었노라고 했다. 그 대답에도 부부 표정은 마찬가지였다. 순간 그냥 교사라고 할걸 괜히 솔직했다는 생각이 들었다. 하지만 옛날이야기를 해가며 성인이 된 아이들 안부도 나눴다. 글짓기 시범학교 근무 시절, 수원에서 책을 구입했던 이야기도 하게 되었다. 그런데 너무나 뜻밖이었다.

“그런 적 있었나요?”

부부의 기억 속에는 전혀 없는 일이었다. 차라리 말을 하지 말걸 하고 후회했다. 힘이 쏙 빠졌다. 허탈한 마음으로 헤어졌다. 오히려 당시 교감 선생님이나 행정실장은 그때의 일을 기억할 것 같았다.

내 짝사랑이었을까.

그러나 지금도 그녀와 만나 옛날 젊은 교사 시절 이야기를 나누고 싶다.

쓸데 쓸 때 쓰려면

동네 슈퍼에 갔다가 세일하는 브라보콘을 10개 샀다. 브랜드 파워가 있는 해태 브라보콘을 이 여름에 반액 이상 세일하다니. 아무래도 횡재를 한 것 같아 사자마자 곧장 집으로 왔다. 녹을까봐 다른 일을 못 보고 급히 땀나게 걸어왔다고 남편에게 말했다.

"왜 택시를 타고 오지 그랬어."

남편은 싸게 샀다고 좋아하는 모습을 비아냥거리는 투였다. 그러거나 말거나 얼른 먹고 싶었다. 콘의 윗부분에 있는 깜장 세모 표시 부분을 잡고 돌렸다. 울긋불긋한 콘 포장지가 동그랗게 두 부분으로 잘렸다. 와, 바닐라 아이스크림 위에 얹혀 흐르는 진갈색 초콜릿, 그 위에 도돌도돌 박힌 견과류 알갱이, 군침을 돌게 했다. 그런데 이 맛있는 아이스콘을 한 입 크게 물면서 느껴야 할 달콤한 행복을 나는 잠시 미뤘다. 잘려나간 윗부분 종이에 찔끔찔끔 묻혀 있는 초콜릿이랑 바닐라 아이스크림을 먼저 핥았다. 어릴 적부터 콘을 먹는 습관이다. 다 핥아 먹은 다음에야 아이스크림 본체를 덥석 베어 물었다.

해태 브라보콘은 예나 지금이나 고소하게 씹히는 견과 알갱이와 스르르 녹는 달달한 크림 맛이 '짱'이었다.

먹으면서 몇 년 전 동생의 말이 생각났다.

"누나, 누나도 아이스콘 먹을 때 위에 묻은 것 핥아먹지요?"

"그럼 그냥 버려?"

영락없이 닮은 남매의 습관인데 동생은 직원여행 버스에서 이질감을 느꼈다고 했다. 아이스콘을 하나씩 돌리자 모든 사람들이 위부분은 떼어내자마자 쓰레기봉지에 넣고 콘만 들고 먹는데 자기만 남들이 버리는 부분을 핥고 있더라는 것이다.

"이제는 그러지 말아야겠어요. 이 나이에 체면이란 것도 있고……."

"우리 습관이지 뭘, 그게 또 그리 나쁜 일은 아니잖아?"

동생은 자기는 이제 안 그럴 거라며 나도 그러지 말라고 했다. 그 말을 이해는 하였지만 나는 지금도 그 습관을 고수하고 있다. 체면이고 뭐고 아무리 적은 양이지만 맛있는 크림을 그냥 버리는 것이 아깝기 때문이다.

막내아들이 고등학교 다닐 때였다. 닭튀김이 먹고 싶다 하여 일

부러 틈내어 사다 줬다. 그런데 듬성듬성 뜯어 먹고 살이 꽤 붙어 있는 뼈다귀를 퇴식 그릇에 내놓았다.

"잘 좀 발라 먹어라."

그러나 다음 것도 살점이 붙은 뼈를 그냥 퇴식 그릇에 넣었다.

야무지게 먹으라고 재차 말했더니 아예 뼈에 붙어 있는 살에다 혀를 내밀어 제 침까지 발라 내놓았다.

"아니, 뭐하는 짓이야?"

"이렇게 안 하면 엄마가 대신 발라 드실 거잖아요."

나는 그만 웃음이 나왔다. 그러나 숭얼숭얼 붙은 살을 쓰레기통에 그냥 버리기엔 아까웠다.

"아직 살이 많이 붙어 있잖아. 멀쩡한 살을 끝까지 먹지 않고!"

예부터 음식을 대충 먹고 버리는 건 죄라고 나무라며 살 붙은 뼈다귀를 아들에게 내밀었다.

"엄마! 제발 좀 그러지 마세요!"

애원이었다. 이때 옆의 큰아들도 한마디 거들었다.

"아깝다고 우리가 남긴 것 다 드셔서 과식하고, 그러니까 엄마는 살만 찌는 거예요."

모두 내 편이 아니었다. 살이 찌더라도 별수 없다며, 그래도 한마디 더할 수밖에 없었다.

"잘 발라 먹으면 닭다리 하나는 통으로 남겠다. 배부르면 남겼다가 다음에 먹으면 되잖아! 모두 흔했어. 쯧쯧."

그러면서 언젠가 큰며느리가 하던 말이 생각났다. 연애시절에 돈가스를 먹었는데 양이 많아 남길 수밖에 없었다고 했다. 그런데 우리 아들이 슬슬 웃으며 겁주는 말을 하더란다.

"이렇게 남기면 우리 집에 시집 못 와."

제 어미의 생활 패턴이 싫긴 하지만 별수 없이 미리 고지시킨 걸 보면 아들 머릿속에 각인은 된 것이다.

나는 왜 아끼고 절약해야 하는지 아들, 며느리에게 수시로 경제교육을 한다. 며느리들은 공무원 연금까지 타는 시어미의 경제력에 '너무 하시는 거 아니야?' 아마 거부감이 들기도 할 것이다. 그렇지만 며느리들에게는 안살림이 중요하다고 더 강조하곤 한다.

어느 날 세 며느리에게 물었다.

"궁핍하지 않은 살림에도 내가 왜 이토록 알뜰살뜰 아끼는지 아니?"

아무도 답하지 않았다. 어머니 생활습관이라고 생각하는 눈치였다. 그런 아이들에게 쓸데 쓸 때 쓰려고 아낀다는 나의 확고한 소비신념을 주입시켰다. 그리고 본받아 보라고 했다.

요즘같이 물질 흔한 세상, 버리는 것도 용기라지만 충분한 가치가 있는 것을 무용하다 해서 쉽게 버리면 안 된다며 헌 것이 있어야 새것이 있는 법이라고도 가르쳤다. 그런 정신으로 생활하면 결과는 일생을 통해 반드시 쌓이더라고 내 경험을 말해줬다.

그리고 내 주변에서 어려움이 있을 때, 그때는 내가 쓸 때라고 여겨 도움을 주었던 얘기도 들려주었다. 그렇게 턱없이 아끼기만 하는 것이 아니라 꼭 필요한 데, 필요할 때는 남에게도 아끼지 않는다는 어쩌면 자만하는 투의 얘기였다.

다소곳이 듣는 며느리들 모습에 더욱 신이 난 나는 기가 살아 호언장담까지 하게 되었다.

"내가 너희한테나 손자들, 그 누구한테 쓸 때 못 쓰는 것 보았느냐? 그게 다, 하찮은 것도 쓸데 쓸 때 쓰려고 아꼈기 때문이야."

지금껏 남에게 빌려 줄지언정 꾸지 않고 살 수 있었는 것은 이처럼 생활했기 때문이라며, 끝으로 며느리 친가를 배려하는 말도 덧붙였다.

"너희들도 친정에든 어디든 쓸 때가 생길 수 있어. 그때 쓸 수 있도록, 아까운 것들 필요 없다고 쓱쓱 내버리지 말고 작은 것도 소중하게 여기며 저축살림해라."

며느리 셋은 군말 없이 "네."라고 대답했다.

그러나 요즘 젊은애들은 보릿고개를 넘으며 가난했던 우리 세대와는 다르다. 저희들도 낭비하지 않고 사는데 살림 간섭하는 시어미 시집살이로 느낄지도 모르겠다. 그러한 가치관으로 일생 살아온 나도 사실 후회하고 반성되는 부분이 없지는 않다. '아까워.' 하고 아끼는 것만이 대수가 아니라고 인생 후반기에 들어서 인정할 때가 많아졌다. 이제 이 나이에는 오차 범위 크지 않게 나를 찾는 정답 인생, 아까운 것만을 이유 대며 자연스럽게 받아들인 청승과 궁상은 버려야 할 것 같다.

'그래도 쓸데, 쓸 때 쓰려면 아껴야 하지 않을까.'

교장 맞긴 하지만

덕양구종합복지관 내 노인대학에서 특강을 하고 돌아오는 길이었다. 버스를 탈까 하다가 멀더라도 화정역까지 걸어가야겠다는 마음이 들었다.

'사람들은 일부러도 걷기 운동을 하는데 이 좋은 가을 햇살을 받으며 걸어보자.'

가로수에서 떨어진 은행 알을 요리조리 피하며 인도를 따라 걸었다. 콘서트 무대의상처럼 아름다운 분홍 주황빛 은행이 어쩜 그리 야릇한 냄새를 풍기는지 고약했다. 참아가며 한산한 인도를 한참 걷노라니 눈앞에 무리지어 오는 초등학생 행렬이 나타났다. 훤칠한 키의 젊은 여자가 앞장서 있었다. 담임교사 같았고 그 뒤에는 5학년이나 됨직한 아이들이 석 줄로 재잘재잘거리며 열심히 따라오고 있었다.

'소풍갔다 오나?'

배낭이 없는 걸 보니 소풍을 다녀오는 것 같진 않았다. 나도 모르게 마주 오는 아이들 얼굴 하나하나를 쳐다보며 걸었다. 퇴직 후 오랜만에 5월의 연둣빛 새순 같은 아이들을 보니 마음이 마냥 흐뭇했다.

"안녕하세요?"

갑자기 나란히 오던 세 녀석이 인사를 했다. 그리고 바쁜 걸음으로 지나갔다.

'어? 날 어떻게 알고 인사하지?'

이번에는 또래보다 머리 하나 더 큰 여학생이 말없이 공손히 인사를 했다. 그 옆의 둘도 덩달아 고개 숙여 인사를 하며 앞줄을 따라 지나갔다. 도대체 웬일로 내게 인사를 하는지 궁금했다.

'저희들을 쳐다보니까 그냥 어른 대접해 주는 것인가?'

예의바른 인사가 고맙기도 해서 계속 줄이어 오는 아이들에게 물었다.

"어느 학교?"

"화수 초등학교요."

그 인근에 있는 학교였다. 화수 어린이들은 참 맑고 예쁘다는 생각을 했다. 그런데 내 옆을 지나는 남학생 세 명이 또 인사를 했다.

"안녕하세요?"

저희들 인사만 해 놓고 내 인사말은 받을 겨를도 없이 바삐 지나갔다.

'길가는 사람일뿐인데 왜 내게 인사를 할까? 화수 아이들은 다 그런가?'

어디를 다녀오는지 고개를 앞으로 하며 다정하게 물었다.

"킨텍스요."

'아, 킨텍스 현장 학습을 했구나. 무슨 관람을 했을까…….'

순간 또 한 팀의 남자아이들이 걸으며 인사를 하고 지나갔다. 드디어 머리가 긴 젊은 여 선생님을 맨 끝으로 두 학급 정도 돼 보이는 행렬은 끝이 났다.

인사를 받으며 걷다 보니 전철역에 거의 이르렀다. 왜 내가 열 명이 넘는 아이들에게 인사를 받았을까 궁금증은 계속되었다. 행인이 쳐다본다고 요즘 아이들이 인사를 하지는 않는다. 그렇다면 저희들 쳐다보는 내 눈빛이 학교 선생님 같아서였을까.

'그런 친근감이 순간 인사를 하게 만들었는지도 몰라.'

그렇다고 인사해? 아닌 것 같았다.

'이웃 화정학교 여 교장 선생님으로 본 것 아니야?'

오늘따라 강단에 서느라 정장에다 머리도 손질한 내가 아이들에게 교장으로 보였을지도 모른다며 고개도 주억거려 보았다. 아무튼 아이들 행렬을 만났을 때 나의 환한 미소가 저절로 그들에게 보내진 것은 틀림없었을 것이었다.

2004년 봄날, 홍성에 계신 어머니를 뵈러 가느라 영등포에서 기차를 탔을 때 일이었다. 표가 없어서 입석을 끊고 서서 갔다. 처음에는 괜찮았지만 두어 시간이 가까워오니 종아리가 땡땡 붓는 듯 아팠다. 어디라도 비집어 앉고 싶었으나 선 사람들로 기차 안은 꽉 찼다. 어떻게 하면 다리를 쉬게 할 수 있을까? 계속 앉아볼 궁리만 했다. 이제 견디고 서 있는 것에 한계를 느꼈다. 이 칸은 가망이 없고 혹 옆 칸은 어떤지 객차 끝 연결부분으로 가서 유리문으로 넘겨다보았다. 그 칸도 복잡했지만 내 또래 됨직한 아낙네 네 명이 그나마 신문을 깔고 얼굴이 닿을 듯 마주 앉아 있었다.

'옳거니, 좁지만 나도 저기 좀 끼여 앉아 가야겠다.'

비집고 칸을 옮겼다. 여자들 옆으로 다가가 섰다. 그들의 신바람 나는 대화를 들어보니 수덕사 구경을 하고 그곳에서 뜯은 쑥 보따리 하나씩 챙겨 가고 있는 사람들이었다. 나는 동의를 구하는 말을 공손히 했다. 겸연쩍었다.

"저도 여기 좀 같이 앉아도 되겠어요?"

"그류, 여기 껴 앉아보셔."

그들은 엉덩이를 조금씩 움직여 당겨 앉으며 작은 공간을 만들어 주었다. 체면이고 뭐고 앉는 순간 살 것 같았다. 긴 스커트를 입고 온 것도 너무 다행이었다. 그때 내 얼굴에는 고역이 해결되는 기쁨이 환하게 퍼지고 있었을 것이다.

그 모습을 지켜보던 옆 의자에 앉은 60대 초반으로 보이는 남자는 호강에 겨워 신문 바닥에 앉는 나에게 너스레를 했다.

"교장 선상님두 별수 읎다닝께."

어떻게 날 아는지 깜짝 놀랐다. 고향 사람이거나 혹 선후배, 지난날 학부형일 것 같았다. 차림새로 보아 보통 촌사람이었지만 어떻든 나와는 분명 아는 사람이라고 여겨졌다. 당장 몸가짐이 조심되었다. 그러나 시간이 지나는 동안 쑥 캔 여자들과 그 남자의 웃음 섞인 대화에 나도 함께 웃을 때는 웃게 되었다. 그러다 보니 아까의 조심스러움이 슬슬 없어졌다. 이왕 이렇게 된 바에 날 어떻게 아는지 물었다.

"어떻게 절 아시나요?"

"뭘 알유? 알긴 워떻게 알유?"

'아니, 모른다고?'

나도 진한 충청도 사투리를 썼다.

"아까 저 보구 교장 선상님두 별수 읎다구 허셨잖유?"

"어허, 척허면 삼천리지~. 교장 선상님 아뉴? 틀류?"

나는 대답을 못하고 웃기만 했다. 참 신통한 노릇일 뿐이었다.

'내가 어떻게 보였기에 교장이라고 알아맞힐까…?'

퇴직하던 해에도 그런 일이 있었다. 건강보험이 직장보험에서 지역보험가입자로 전환되어 화정의료보험공단에 들러 상담했을 때였다. 접수표를 뽑고 기다렸다가 내 차례가 되어 남자 상담 직원 앞의 의자에 앉았다. 담당자는 내 질문에 컴퓨터를 들여다보며 차근차근 친절하게 안내해줬다.

"교장 선생님은요, 지역보험자로 하지 말고 직장 있는 자녀 밑으로 가세요."

교장이라고 부르는 걸 보아 퇴직 전의 직위가 입력되어 있구나 생각하며 물었다.

"아뇨. 그런 건 없어요."

"그런데 어떻게 아세요?"

자기는 이 자리에 앉아 일하는 것이 20년이라면서 이제는 상담하러 온 사람들 직장을 거의 다 알아맞힌다고 하였다.

'20년이라도 그렇지. 세상에, 아무래도 컴퓨터에 입력되어 있을 거야…….'

고개를 갸우뚱하며 그곳을 나왔다.

사람은 직업에 따라 격을 가지고 있다. 그래서 옷차림, 화장, 언행, 풍기는 인상 등 다각도로 보면 직업을 짐작할 수 있다. 하는 일이 반복되노라면 특별한 그 환경에 동화될 수밖에 없는 건 당연하다. 작업복 차림과 거칠어진 손은 노동의 현장에서 일하는 사람들로 보일 것이다. 또한 스튜어디스 지망자들이 사전에 전문가를 찾아 이미지 메이킹 공부를 하고 응시하는 이유도 미소와 친절이 필수이기 때문이리라.

이처럼 42년 6개월 교단의 환경은 나에게 '교사 이미지'를 만들어 주었을 것이다.

그런데 "교장선상님 아뉴? 틀류?" 했을 때, "예, 맞습니다."라고 왜 떳떳하게 대답할 수 없었을까?

예나 제나 사표가 되기에는 언제나 부끄러운 자화상 때문이었다.

목욕탕 한 컷

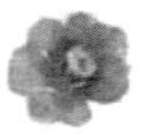

동네 목욕탕에 갔다. 주말이라서인지 사람들이 붐볐다. 나란히 비어있는 세 자리가 있어서 왼쪽 끝을 차지하고 앉았다. 잠시 후 오른쪽 끝자리로 유치원생으로 보이는 꼬마가 혼자 왔다. 갑자기 센 물줄기가 가운데 자리를 거쳐 날아들었다. 속사포였다. 얼마나 세든지 거울 옆 턱에 놓아둔 목욕가방 속으로도 콸콸 소리를 내며 사정없이 물이 쏟아져 들어갔다. 순간의 물벼락이었다.

"어이!" 큰 소리가 튀어 나오면서 아이를 쳐다보았다. 그 소리에 아이는 얼른 샤워기를 껐다. 그리고 어쩔 줄 모르는 얼굴로 나를 쳐다보았다. 겁먹은 얼굴이었다. 표정이 마치 철든 초등학생 같았다. 그 모습에 오히려 할머니격인 내가 미안해져 부드럽게 말했다.

"물이 나도 모르게 쎄게 나왔지?"

대답을 하지 않고 여전히 겸연쩍은 듯 날 빤히 바라보았다.

"갑자기 나도 놀랐어."

그래도 샤워기를 붙든 채 멀뚱히 서 있었다. 몹시 놀라고 미안해 하는 모습인 채.

나는 샤워기를 끝까지 틀어서 그런 거니까 좀만 줄려보면 된다고 부드럽게 말했다. 그제야 아이는 표정이 풀어지며 붙들고 있던 샤워기를 걸어놓고 도망가듯 어디론가 뛰어가버렸다. 어린아이가 놀라기만 하고 간 것 같아 마음이 쓰였다.

한참 때를 밀고 있을 때였다. 내 또래로 보이는 할머니가 그 아이와 함께 나타났다. 내심 반가웠다. 손녀에게 내 옆 가운데 자리에 앉으라며 머릴 감으라고 했다.

'무심한 할머니네. 어린 걸 감겨주지 않고 저 혼자 감으라고?'

아이는 혼자 샴푸질을 하고 샤워기를 대어 헹궜다. 그런데 아까와는 달리 샤워기 물이 한 방울도 튀지 않게 조절해서 쓰고 있는 것이었다.

'아까 일로 어린애가 벌써 배려할 줄 아네.'

기특하다는 생각이 들었다. 그래서 조금 더 크게 틀어 쓰라고 했지만 아이나 할머니나 못 듣는 것 같았다. 미안하고 고마운 생각에 아이에게 자꾸 눈이 갔다.

머릴 다 감고 아이는 대야에 물을 가득 받더니 파란 목욕탕 비누를 그 속에 넣었다. 두 손으로 비벼서 거품을 냈다. 보글보글 거품이 대야 위로 솟아오르면 그 거품을 손바닥으로 건져내며 비비고 건져내는 장난을 계속했다. 때를 밀면서도 불어가며 작아지는 비누가 자꾸 보여 신경이 쓰였다. 선생 티를 놓지 못하고 또 한마디 가르치고 싶었다. 그러나 아까도 어린 마음에 상처를 준 것 같아서 그러질 못했다.

그런데 거품놀이에 싫증이 났는지 할머니 옆에 놓인 노란 비누를 손으로 꼭꼭 누르기 시작했다. 그때 뭐라고 하는지 할머니 소리가 들렸다. 나는 이때다 싶어 할머니와 아이를 향해서 슬그머니 말을 건넸다.

"비누가 대야 물에 빠져 녹고 있네요."

그제야 뽀얀 비눗물 속에서 불고 있는 푸른 비누를 본 할머니가 손녀에게 일렀다.

"어서 건져야지."

손녀는 할머니 말에 즉시 건져 받침대에 올려놓았다.

그 모습이 예쁘기도 하고 내가 심했나 하는 마음도 들어서 다정하게 물었다.

"몇 살?"

아이는 대답이 없고 오히려 할머니가 열한 살이라고 대답했다.

놀랄 만큼 뜻밖이었다. 얼른 계산이 되지 않아 손가락으로 여덟 살부터 열한 살까지 세었다.

"열한 살이면 4학년인데요?"

키가 작아 그렇지 4학년 맞는다며 항상 1번이라고 했다. 괜히 물은 것 같았다. 또 아이에게 상처를 줄 것이 틀림없었다. 무표정한 모습을 보며 마음이 편치 않았다.

'유치원생이나 되는 줄 알았는데 4학년이라니! 얼마나 키 때문에 고통이 있을까 ….'

나도 그랬다. 중3 때는 심지어 '짤랭이반장'이라고 부르는 반 애도 있었다. 조기입학으로 다른 반 반장보다 한두 살 적어서 더 작았는지 모르지만 지금도 쓰라렸던 그 기억을 되뇌이고 싶지 않다. 그러나 어른이 되어 동창회에서 만난 그녀는 나보다 반뼘이나 작았다. 그런 내 경험을 들려주면서라도 할머니와 아이를 위로하고 싶었다.

"나도 학교 때 늘 1번이었단다. 그런데 고등학교 때 많이 컸어. 나중 분명히 클 거야."

그러나 무반응이었다. 그 말만 가지고는 부족하다고 느꼈다. 다시 웃으며 말했다.

"예부터 작은 고추가 맵다고 했어. 똘똘하지?"

그때 아이의 표정이 밝아졌다. 할머니도 환하게 웃으며 친근감 있게 다가왔다.

“제 애비가 봄가을로 키 크는 한약을 먹여도 왜 이리 안 크는지 몰라요.”

부모도 키 작은 딸 때문에 심혈을 쏟는 것 같았다. 할머니는 키 때문에 왕따당할까 봐 그게 제일 걱정이라며 얼굴에 웃음기를 거뒀다.

나는 교단 40년 경험으로 보아도 키 작아 왕따당하는 것은 보지 못했다. 그럴 리 없을 것이라고 했더니 정말 그럴까 되물으며 좋아했다.

몇 년 전 취업 포탈사이트에서 온라인으로 1300명에게 왕따 순위를 조사한 바 있었다. 1순위가 잘난 척하는 척순이, 척돌이었고 2순위는 이기성이 몸에 배어버린 공주병, 왕자병자였다. 모두 공존지수(NQ)나 사회성지수(SQ)가 낮은 아이들로 조사되었다.

그런데 이 손녀는 옆에 앉은 나를 배려해서 목욕을 마칠 때까지 샤워기를 내내 조심스럽게 사용했다. NQ가 높은 아이인 것이 분명했다. 또한 어린 마음에 비누거품놀이도 했지만 즉시 건져내는 그 행동을 보면 고집 없이 잘못된 걸 깨달아 고칠 줄도 알았다.

혹 심신 발달이 더디고 있는지는 모르겠다. 그러나 좋은 인성으로 자라리라 심증이 갔기에 할머니가 염려하는 왕따는 안 된다고 힘주어 말했던 것이다.

‘아, 그 아이가 나처럼 뒤늦게라도 훌쩍 커주면 좋겠다.’

소똥 지뢰

한밤중에 라오스에 도착했다. 비엔티엔 공항에서 좀 떨어진 4성 호텔에 짐을 풀었다. 별 네 개란 호텔은 말뿐이지 우리나라 모텔급 정도 되는 곳으로 모기까지 있었다. 객실 내 거울 앞에는 에프킬러가 놓여 있었다.

다음날 아침, 시내 중심을 벗어나 버스 차창으로 라오스 풍광을 바라보고 있을 때였다. 갑자기 차가 느려졌다. 무슨 일인가 하고 앞을 바라봤다.

'아니, 차도에 웬 소가?'

참 희한한 풍경이었다. 누렁소 두 마리, 그 뒤에 세 마리의 소가 신작로를 유유히 가로질러 차를 막은 채 느긋이 걸어가고 있는 것이었다. 송아지보다는 좀 크고 어미소보다는 작은 몸집의 소들이었다. 운전기사는 아무렇지도 않은 듯 소를 피해 서서히 운전해 갔다.

또 한참 달리고 있을 때였다. 이번에는 버스 경적 소리가 크게 나더니 차가 멈췄다. 놀라 앞을 바라보니 아뿔싸! 아까보다 몇 배 더 큰 무리였다. 스무 마리는 족히 되는 날씬한 소 떼들이 차선을 점거하고 행렬을 이루고 있었다. 소몰이도 없이 누런 소가 저희끼리 떼 지어 도로 한가운데를 행진하고 있는 것이다. 저 많은 소들이 모여 어디를 가는지 알 수 없는 노릇이었다.

운전기사는 경적만 울려댔다. 소들은 버스 경적 소리를 비키라는 신호로 알아들었는지 슬슬 길가로 비켜서 여전히 앞을 향해 걸어갔다. 그러자 차는 겨우 출발했다.

그 소 떼는 아침이 되면 외양간에서 나와서 이곳저곳 다니며 친구랑 만나 먹고 놀러 가는 행렬이라고 가이드가 설명해 줬다. 소가 사람처럼 친구랑 놀며 지낸다?

이해도 되지 않을 뿐더러 걱정도 되었다. 소는 재산목록 일 텐데 저녁에 남의 집 외양간으로 가버리면 우리 집 소라고 서로 다툼이 있을 것도 같았다. 그러나 대부분 오후가 되면 다시 알아서 자기 집으로 돌아간다고 한다.

얼마 후 휴게소 길 옆에 모여 서 있는 소 떼들을 보게 되었다. 귓바퀴에는 노랑, 파랑색의 아기 손바닥보다 작은 표찰을 매달고 있었다. 소의 주인을 구별하는 명찰일 것이었다.

여행 내내 도로 위 소 떼들과 수없이 마주쳤다. 풀밭에 묶인 채 풀을 뜯는 소도 보긴 했지만 도로 위를 천방지축 돌아다니는 라오스 소의 모습은 몇 번을 봐도 생소하고 신기하기만 했다.

그 소들은 사람들이 자기들을 사람처럼 귀히 여기는 것을 안다고 한다. 그래서 사람을 무서워하지도 않고 사방 천지가 다 제 집으로 여겨 시장 안에도 들어오고 심지어는 시청 같은 관공서 마당이나 학교 운동장에서도 소들을 심심찮게 본다고 가이드는 설명했다.

아무데고 어슬렁거리는 소를 이상하게 생각하지 않는 국민들, 특히 공무원이 더 이상했다.

코뚜레도 하지 않고 일도 하지 않으며 아무데나 마음대로 돌아다니는 소들은 말 그대로 '만고강산 지화자 좋구나!' 였다. 라오스에서는 '소 팔자 상팔자' 란 말이 있을 법했다.

이튿날 일정은 방비엥이란 곳의 탐남(물동굴) 튜브킹이 있었다. 동굴 물속에 매 놓은 동아줄을 잡고 물길 따라 옮겨가는 튜브놀이였다. 가는 길이 좁아서인지 승차감이 과히 나쁘지 않은 트럭을 타고 갔다. 그러나 동굴 앞까지는 트럭도 갈 수 없어서 도로에서 모두 내렸다. 시골길을 한참 걸어가야 물동굴이 있으니 걸어서 이동할 수밖에 없었다.

가이드는 집합을 시켜 놓고 안전한 튜브킹에 대해 주의 사항을 강조했다. 설명이 끝나고 출발하려고 할 때였다.

"아, 참! 가실 때 지뢰들 조심하세요!"

'지뢰라니? 무슨….'

이웃 나라 베트남 전쟁의 여파로 라오스 땅에 아직도 지뢰가 남아 있는 곳이 있다는 말을 들은 적은 있었다. 그러나 관광객이 다니는 길까지 지뢰가? 말도 안 되는 소리였지만 조금은 긴장이 되었다.

그때 가이드는 웃으며 다시 큰 소리로 말했다.

"그건요, 소똥 지뢰요!"

어이없어 모두 웃었다. 그러나 잠시 후 웃을 일이 아님을 알았다.

탐남을 향해 걷는 길은 한 걸음 건너 소똥, 두 걸음 건너 소똥무더기. 온통 거뭇거뭇 소똥이 천지였다. 송아지똥인지 밥공기만 한 작은 것부터 큰 접시나 냄비 뚜껑보다 더 큰 푸짐한 똥 무더기들. 바싹 말라버린 것은 바스러져 흩어진 채 마른 풀잎들이 엉켜 있었고 어떤 것은 꾸들꾸들 말라가고 있고, 싼 지 얼마 되지 않은 것인지 묽은 것도 있었다. 그것에 신 발자국이 선명하게 나타나 있는 것도 보았다. 누군가가 지뢰를 밟은 게 틀림없었다. 지뢰를 밟고 나서 얼마나 울상하며 쩔쩔맸을까?

튜브킹을 하러 가는 일행은 브라우니 초코과자 색깔로 그렇게 널려 있는 지뢰를 요리조리 피하면서 곡예 도보를 했다. 그러나 지뢰가 발효하는 지독한 냄새는 눈살을 찌푸리게 했다.

다음 코스로 버기카를 탔다. 일반 차가 다니기 힘든 비포장도로에서 쉽게 달릴 수 있도록 만들어진 미니 자동차였다. 소들의 배설물이 널려있는 흙바닥길. 우기로 인해 생긴 물웅덩이는 소똥 물로 차 있었다. 그래도 버기카를 즐기고 저녁에 방비엥 호텔에 들어왔다. 냉방도 잘 안 되어 창문을 열었다가 비엔티엔 호텔 모기 생각이 나서 얼른 닫았다.

그런데 갑자기 온 종일 맡은 소똥 냄새가 후각을 건드리더니 한참을 지나도 가시질 않았다.

우리나라 농촌을 지나다 보면 거름 냄새, 그 비슷한 냄새가 호텔 방까지 찾아든 것은 종일 지뢰를 피해 다닌 후유증세인 것 같았다. 이튿날 호텔 마당에서 소똥을 발견하지 못한 것으로 보면 틀림없는 후각의 환각이었다.

다음 날은 학교를 방문했다. 차도에 싸 놓은 거뭇거뭇한 소똥들을 차바퀴에 묻히면서 찾아간 초등학교. 거기서도 어김없이 그것은 기다리고 있었다. 바깥 화장실 입구에서 초콜릿 케이크 같은 크고 작은 두덩이가 나 몰라라 하고 말라가고 있었다.

잡초가 나 있는 좁은 운동장에는 빗물에 풀어졌는지 소똥들이 흐트러진 채로 군데군데 역겨운 모습을 하고 있었다.

정말 그 학교 선생님들을 이해할 수 없었다. 방목의 소들이 언제 들어오는지 그건 못 말린다 하더라도 싸 놓고 간 것은 아이들과 함께 즉시 치우면 되지 않을까.

'치워도 또 싸 놓으니까 차라리 안 치워? 그래도 치워야지.'

고대 이집트인들도 일찍이 소똥을 유익하게 사용했다는데 국민 소득 1000달러밖에 안 된다는 라오스가 저런 자원을 왜 방치하고 있을까. 소똥의 자원화로 수익 창출 국민이 될 순 없을까? 이런 아쉬움의 질문에 현지 거주 가이드 답으로는 라오스 국민성 자체가 느긋하며 경제활동에 대한 욕심이 없다고 했다.

'그렇다면 관광객이 소똥 지뢰 밟을 염려라도 하지 않게 해 줘야지.'

그러나 잘못된 생각이었다.

맨발의 아이들은 그걸 자연스럽게 밟고 다니고 있었다.

더구나 소똥이 원반 던지기, 빙고놀이 도구가 되고 심지어는 발효하는 그것에다가 손가락으로 구멍을 뚫고 불쏘시개를 넣어 폭발놀이도 즐긴다고 한다.

그렇게 소똥이 친구인 아이들. 그 아이들의 눈빛은 초롱초롱 해맑았고 자연처럼 순수했다.

천연의 나라 라오스!

천연 소똥과 함께 노는 아이들.

어쩌면 라오스의 '소똥지뢰'는 외국인에게 보여주는 천연의 특별한 관광 상품이 아닐까.

이제야 알겠어요

할머니의 물

바닷가에 사는 우리 집 밥상은 간장게장이 연중 올라왔다. 꽃게장도 아니고 갯벌에서 잡아 온 큰 집게발이농게와 능젱이, 그래도 좀 먹을 만한 것이 애기주먹만 한 박케아지 게장이었다.

간장을 손에 묻히는 것도 싫었지만 노력하는 만큼 입에 들어갈 것도 없는 귀찮은 반찬이었다. 할머니는 그걸 딱지 속과 살을 발라 내 밥숟갈 위에 듬뿍 얹어주었다. 객지로 중학교에 갈 때까지 그러셨다. 밥도둑이라고 할 만큼 맛은 있어서 철없이 따박따박 받아먹었지만 밥 먹는 것을 일일이 참견하시는 할머니가 성가셨다. 그 중에도 국물과 함께 밥을 먹으라는 것이었다. 맨밥으로 목이 메어 어떻게 밥이 넘어가느냐는 할머니 성화가 이해되지 않았다. 맨밥이 아니고 반찬과 먹는데 왜 맨밥이라고 하는지. 그뿐 아니었다. 나는 식사 후 거의 물도 마시지 않았다. 지각할 것 같아 급히 밥 수저를 놓고 서둘러 나가는 내게 기어코 물을 먹이기 위해서 할머니는 물사발을 들고 방문을 가로 막으셨다.

"물 좀 마시구 가!"

애원하듯 물그릇을 들이미시는 할머니. 그러나 나는 막무가내로 쯧쯧거리는 할머니를 뒤로한 채 학교로 달아나곤 했다. 그렇게 물을 잘 안 마셔서 그런지 땀도 나지 않았다. 여학교 시절에도 읍내 하숙집까지 30~40분 걸어 통학했지만 교복 하얀 깃이 땀에 젖어 본 적이 없었다. 여름에도 내 목덜미 깃이 보송보송 깨끗하다고 친구들이 부러워했다.

물을 잘 먹지 않는 나는 빡빡한 빵도 잘 먹었다. 소보로도 맨입으로 삽시간에 먹어치웠다. 그런데 언제부터였을까. 빵을 먹을 때 우유나 주스를 찾게 되었다. 하다못해 맹물 잔이라도 옆에 놓아야 물렁한 단팥빵 하나도 목 메이지 않고 넘어갔다. 식탁에서도 마른 반찬보다는 찌개나 국물이 먼저 눈에 들어왔다. 나이 먹고 늙음이 오면 입안에 침샘이 마르는 것일까?

옛날 할머니가 분명히 그러셨을 것이다. 또한 어린 손녀도 당신마냥 그런 줄 아셨던 것 같다. 할머니는 칠십 후반에나 그러셨는데 겨우 칠십인 나는 더 빨리 온 증세가 아닌가. 물 사발을 들고 따라오며 내 앞을 막으시던 할머니 얼굴이 떠오른다.

작은 어머니의 메리야스

작은댁에 가면 작은어머니는 요즘 젊은애들이 헐렁한 티셔츠를 입듯 남자용 흰 메리야스를 일상복으로 입고 계셨다. 누가 보아도 맞지 않는 작은아버지 것, 아니면 대학생 사촌이 입던 것임을 알 수 있었다. 옷이 없는 것도 아닌데 어울리지도 않는 남자 메리야스를 왜 입으시는지 내 생각으로는 알 수가 없었다.

나는 아들만 셋을 길러 장가보냈다. 곧바로 분가를 시켰다. 저희들이 쓰던 방마다 옷이랑 책들이 그득한데 신혼살림 차린 집에 가져갈 생각은 하지 않았다. 몇 년을 걸쳐 며느리들에게 일기장, 공책, 붓글씨 액자 등을 네 남편 것이라며 싸줬다. 그런데 옷만은 모두 고개를 저었다. 멀쩡한 남방이나 티셔츠 등은 갖다 입어도 좋으련만 쳐다보지도 않았다. 자식 옷을 쓰레기통에 넣자니 할 일이 아닌 것 같았다. 그렇다고 걸레 만들어 쓸 수도 없었다. 결국 나는 아이들 옷을 간간 입었다. 그 옷을 입고 있을 때 아들들이 집에 오면 반가운 사람 만나듯 옷을 보며 좋아했다.

"어? 엄마! 이거 내가 고2 때 영등포에서 산 건데?"

디자인도 맘에 들어 용돈 아껴 비싸게 주고 산 거라며 신나는 추억거리로 떠들어댔다. 그러나 가져가라면 세 아들 모두 시큰둥, 심지어는 버리라고까지 했다. 그렇다고 나는 버릴 용기도 없고 그저 내 차지가 되어 입곤 한다. 내 옷도 천지이면서 집안에서 아이들 옷을 입은 나는 거울 속에서 헐렁하게 남자 메리야스를 입으신 작은어머니의 모습을 본다.

맨손 권사님

여의도 홍우 빌딩 5층에 있는 장로교회에 다닐 때였다. 교회에서 제일 가까운 한양아파트에 사는 구ㅇㅇ이란 할머니 권사님은 주일날 교회 올 때마다 성경 가방도 없이 맨손으로 왔다.

'권사님이나 되는 분이 성경도 없이 오다니….'

교회 비치용 성경을 들고 자리에 앉는 그가 이상했다. 믿음이 부족하거나 예배드리는 자세가 틀렸다고까지 생각했다.

그런데 몇 년 전부터였다. 성경찬송 합본의 부피와 무게가 만만찮았다. 성경책을 가방에서 뺐다 넣었다 하다가 결국 빼놓고 교회 갈 때가 많았다. 하지만 요즘은 좋은 시대가 되어 정말 다행이다. 스마트폰에 성경찬송, 영어성경까지 깔아놓아 무겁잖게 교회에 다닌다.

친구 K는 가방을 사러 가서 상점 주인에게 "아무 것도 따지지 말고 무조건 가벼운 것 주세요."라고 했다고 했다. '게으른 양은 제 털도 무겁다.'고 한다는데 너나 할 것 없이 나이 들면 그렇게 무거운 게 짐이 되는가 보다.

나도 어느새 구 권사님 모습이 되어 있었다. 믿음이 변한 것도 아니건만.

5부
교직의 흑백사진

벨트 까먹었어요

개학한 지 두 달이 넘고 보니 1학년 어린이들도 요즘은 제법 한 줄로 나란히 잘 선다. 지난 월요일 애국조회로 전교생이 운동장에 모였다. 그런데 1학년 줄 옆을 지나다 보니 통통하게 생긴 남자 어린이 하나가 바지허리를 엉거주춤하게 붙들고 서 있는 것이 아닌가. 이상하게 느껴져서 왜 그러느냐고 고개 숙여 다정하게 물어보았다. 불쑥 튀어나오는 대답인즉 "벨트 까먹었어요."였다.

"……. 그래, 벨트 까먹은 맛이 어땠지?"

"몰라요."

"그럼 이제는 벨트 까먹지 말아라."

"네~."

조회를 마치고 교무실에 들어와 그대로 재연을 해보였더니 선생님들이 파안대소를 했다.

셰익스피어가 왜 영국 사람들에게 인도와도 바꿀 수 없는 대단한 존재였던가. 그는 영어사전의 32만 단어 중 16만 단어를 사용하여 작품을 썼다고 한다. 물론 인물, 배경, 구성 등이 동양의 ≪삼국지≫만 못하다는 평가를 하는 사람들도 있다. 그러나 그는 세계어로 쓰는 그의 모국어를 빛냈다. 바로 그것이 그를 인도와 바꿀 수 없는 이유인 것이다.

요즘 우리는 '끝내준다.'란 퇴행어를 자연스럽게 쓰곤 한다. 이 '끝내준다.'라는 말이 우리말 160개 단어를 잡아먹었다고 탄식하는 국어학자의 강의를 들은 적이 있다. 말이란 상호간 알아듣기만 하면 된다는 사고, 그대로 좋은가?

날로 확산되는 이 비속어들을 감당하기 어렵다. '벨트 까먹었어요.' 물론 분명히 의사소통은 된다. 그러나 우리 교사들은 우리말, 우리글을 올바르게 사용하고 지도하는 데 소홀해서는 안 되겠다. 국어시간뿐 아니라 생활에서도 언어교육이 반드시 이루어져야 한다.

물보다 진한 것이 피라지만, 그 피보다 더 진한 것은 언어라고 하지 않던가.

한국교육신문 제1714호(1994. 5. 4.) '교단 수첩'

불모지에 뿌리내린 CAI

경기도 근무 인사관리 규준에 따라 특지 8년 만기가 되었다. 특시였던 광명을 벗어나 전근된 곳은 북한산이 바라보이고 꽃들이 통일로 주변에 아름답게 가꿔진 시골 마을의 학교, 지금의 근무처인 신원국민학교이다. 전교생이 300여 명 남짓하다.

나는 신바람 나게 가르칠 마음으로 6학년을 담임하였으나 전임학교 학생들과는 달리 한글, 구구 미해득 학생도 있고 가정 학습은 전혀 이루어지지 않았다. 또한 도시 아이들은 몇 군데씩 다녀야 하는 학원을 한 군데도 다니는 학생이 없었다. 오로지 틈만 있으면 넓디넓은 운동장에서 공을 차고 뛰어노는 일에 열중했다. 공부 좀 한다는 아이들은 5학년 말에 모두 서울시 인근 학교로 전학을 갔다고 했다.

그런데 이 학교의 6학년 교실 옆에는 컴퓨터실이 있었다. 국가(한국통신)에서 공급받은 지 몇 개월이 지나고 있었고, 21대의 컴퓨터가 하얀 비닐 덮개가 덮인 채 눈 내린 뜰 위에 강아지 발자국 흔적 하나 내지 않은 것처럼 설치된 채 그대로 보관되고 있었다.

과학주임인 나는 4~6학년 6개반 중 컴퓨터 학원에 다니는 학생을 우선 조사해 보았다. 한 달 다녀보았다는 학생이 겨우 2명 있었다. 그날부터 나는 우리 반 아이들과 더불어 컴퓨터실에 숨을 불어넣기 시작했다. 정규 교과 시간 외에 1시간씩 컴퓨터 작동법부터 가르쳤다. 다행히 여학생 몇 명을 제외하고는 컴퓨터에 공포증을 갖지 않고 즐겁게 따라와 주었다. 이제 컴퓨터실에 학습을 위한 CAI(Computer Aided Instruction) 프로그램을 구비하는 일이 문제였다. 전임교의 컴퓨터 담당 K 선생님에게 사정을 연락했다. 4~6학년 산수, 자연, 특활 CAI 프로그램을 모두 복사해서 보내왔다. 번거로운 일이었을 텐데도 격려의 편지까지 들어 있었다. 이렇게 원본은 도착되었으나 공 디스켓이 없었다. 학교에 물품 신청을 했더니 100매를 사주었다. 이 100매로 학년별, 한 단원씩 5제재의 CAI 프로그램을 복사, 준비해 놓았다. 6학년 우리 반만 교육시킬 일이 아니었기 때문이다. 4학년부터 6학년까지 우리 반을 빼고 다섯 반이었다.

담임 선생님과 협의하여 특활 시간에는 컴퓨터실에 학생들을 오도록 하였다. 이들에게 컴퓨터 리터러시 교육, 즉 컴퓨터 작동법과 이용법, CAI 진행법을 목청 높여 가르치고 일일이 개별지도를 했다. 처음 만져보는 컴퓨터라 아이들은 호기심과 감동이 컸다. 그런 만큼 시끄럽고 질문이 많았다. 얼마 지나자 학급에서 똘똘한 학생들 몇 명이 빨리 받아들였다. 그들에게 보조 활동을 시켰다. 내 힘이 훨씬 덜 들었다. 이렇게 CAI 프로그램 적용 학습 후 학생 반응을 조사해 보았다. 너무 기뻐했고 흥미진진한 즐거움을 나타냈다. 그러한 모습은 나를 신바람 나게 했다.

며칠이 지났다. 한 달 컴퓨터를 배운 적이 있다는 5학년 남학생 하나가 6학년 교실로 나를 찾아왔다. 5,000원 지폐 한 장을 쑥 내밀었다.

“울 엄마가요, 공 디스켓 사시래요.”

너무 감격하여 교장실로 함께 데려갔다. 교장 선생님이 어머니께 감사의 말씀을 전하셨다.

그런 일이 있자, 전교어린이회에서는 학급별로 공 디스켓 모으기 운동을 가결했다.

공 디스켓으로 한 장 구해오는 학생도 있고 200원, 500원 정성을 다하는 운동이 확산되자 어느 4학년 학부모는 담임에게 전화하고 10,000원짜리 지폐도 보냈다. 그런데 부끄럽게도 우리 반은 누가 모금함을 찢고 얼마인지도 모르는 채 돈을 모두 가져가 버렸다. 참 어처구니없는 일이었다.

아무튼 1주일 만에 전교어린이 회장은 2D짜리 공 디스켓을 500장이나 사 왔다. 이러한 열성을 보고 학교에서는 운영비를 어떻게 쪼갤 수 있었는지 또 200장을 사주었다. 갑자기 쌓인 700장의 공 디스켓을 눈앞에 놓고 보니 뿌듯했다. 얼른 복사하여 각 과목의 CAI를 기대하는 학생들에게 빨리 활용할 수 있도록 해 줘야겠다는 일념뿐이었다.

그래서 그날부터 방과 후 우리 반 어린이 5명을 남겨 놓고 디스크 카피 방법을 훈련시킨 후 CAI프로그램을 복사시켰다. 그러나 익숙하게 습득이 안 돼서 그런지 하다가도 문제를 발생시키곤 했다.

그때마다 다시 또 가르쳤다. 이제 실수가 없게 되자 학생들 가정에 늦게 하교시킬 것을 연락하고 나도 퇴근을 늦추었다. 함께 복사하면서 나는 레이블을 부착하고 학년별, 교과별로 분류하여 보관정리하는 일을 서둘렀다. 한참 일에 몰두하다가 보면 시골마을의 밖은 캄캄해졌고 집에 돌아가면 밤 10시가 넘곤 하였다.

그렇게 며칠이 지나니 컴퓨터실에는 CAI프로그램을 보관하는 캐비닛이 풍성하게 분류 · 정돈되고 학생들을 맞을 준비가 다 되었다. 나는 캐비닛을 들여다보고 또 들여다보았다. 부자가 따로 없었다.

'전국일주, 모양 맞추기, 수수께끼 등등 얼마나 재미있어 할까…?'

이제 컴퓨터실 사용 시간표를 작성해야 했다. 틈만 나면 운동장으로 뛰어 나가던 아이들이 틈만 나면 "선생님 컴퓨터실 가요!"이기 때문이었다.

1년이 거의 지나가는 늦가을 나는 이 신원학교의 불모지였던 컴퓨터실에 컴퓨터가 서서히 뿌리내리는 것을 보게 되었다.

그러나 또 문제가 발생하였다. 컴퓨터 조작이 익숙해지고 흥미와 이해도가 높아지자 몇 몇 남학생들이 시중에 도는 오락 프로그램을 구해 가지고 윗옷 속에 몰래 넣어와 오락을 즐겼다.

문제는 이 시중 오락 프로그램이 학교의 CAI프로그램에 바이러스를 옮기는 데 있었다. 체크를 해 보니 그 많은 CAI프로그램이 각종 명명을 가진 바이러스를 모두 갖고 있는 것이었다. 작동이 불량해지자 다시 바이러스 치료 작업을 시작했다. 6학년의 주당 33시간 수업, 소규모 학교의 만만찮은 업무 처리를 하다 보면 이 작업 역시 정규 근무시간 내에 할 수 있는 일이 아니었다. 야근을 밥 먹듯 했다.

이 열성이 전해졌는지 KBS 방송국 '여의도 법정'이란 프로에서 '컴퓨터 조기교육'에 대해 토론자가 되어 달라고 요청이 왔다. 1시간짜리 TV 생방송이었지만 지도한 산 경험에 의존해서 발언했더니 전국의 시청자들은 좋은 반응을 보여주었다.

그 후 방학에는 인근 지역 과학 동산 운영 교실에 CAI프로그램 활용 학습 방법을 지도하였다. 여기 참여한 학생들도 보람을 느껴 주어 같이 기뻤다.

이제 본교의 CAI, 컴퓨터 보조학습은 정착이 되어 담임교사와 더불어 혹은 자율학습으로도 잘 운영되고 있다. 흥미도와 주의집중도, 수업내용의 이해도, 학습 성취도 모두 높게 반응되면서 컴퓨터와 더불어 개별학습이 이루어져 가고 있는 것이다. 우리 신원 어린이들, 시골의 소규모학교지만 정보화 사회에 대응하는 기본적 자질을 길러가고 있다 하겠다.

경기교육소식 제2호(1995, 경기도교육청), '교단 수기'

보람 있는 여름방학을 보내세요

우리는 머지않아 새로운 1000년의 밀레니엄(Millennium) 시대를 살게 된다. 밀레니엄은 천 년간이란 뜻이다.

기독교에서는 예수그리스도가 재림하여 세상을 통치한다는 신성한 천 년간을 말하며, 일반적으로는 황금시대란 뜻(특히 공상적으로)으로 사용한다. 이처럼 요즈음 텔레비전에서는 2000년이 되는 날을 몇 날 남았다고 자막으로 비춰주며 새 천년의 21세기를 기다리고 있다. 이렇게 20세기가 사라져 가고 있고 우리 사회는 급변하는 지식 · 정보, 컴퓨터와 통신의 발달. 바야흐로 산업사회에서 지식기반사회로 바뀌어 가고 있다.

그러나 지식기반사회로 바뀌는 이 새로운 밀레니엄시대는 공부잘하는 1등만을 요구하는 시대가 아니다. 교과학습의 종합점수로

1등을 만들고 꼴찌까지 줄 세우는 서열문화가 활개 치는 학교문화가 이제는 사라지는 새 시대인 것이다.

요즈음 이목을 끌며 코리아의 명성을 떨치고 있는 골프의 박세리나 야구의 박찬호, 바이올린의 장영주 등이 우리가 중요시하고 있는 전 교과 우수한 우등생이 아니었을 것처럼 말이다.

이처럼 21세기가 요구하는 인재는 객관식 문제를 잘 풀어내고 공부 잘하는 우등생이 아니며 모든 것을 골고루 잘하는 팔방미인이 아니다. 특정한 분야에서 독창적인 특기를 가진 전문인을 요구하고 있는 것이다. 그렇다고 고학년이 되도록 한글 맞춤법 하나 바르게 쓰지 못하며 가감승제 셈의 기초조차 몰라도 된다는 말은 아니다.

학교에서 기본적인 교육과정은 우리 학교의 교훈처럼 성실誠實하게 배워야 한다. 다만 맹목적인 경쟁심이나 스트레스를 갖지 말고 창의성을 가지고 자기 취미와 개성에 맞는 학습으로 자신의 잠재능력을 계발하고 키워 나가야 한다는 말이다.

돌아오는 여름 방학에는 최대한의 시간을 쪼개어 나의 꿈을 향한 노력과 추억을 만들어 보기를 바란다. 이제까지보다 가장 보람 있는 방학이었다고 할 만큼 독서왕도 되고 체험학습도 많이 해 보자. 그러나 이보다도 강조하고 싶은 것은 기본예절을 갖춘 어린이가 더욱 소중하고 훌륭하다는 것이다. 그러므로 우리 3,000여 명의 부천서 어린이들은 올바른 인성을 가꾸며, 새 천년의 꿈나무 주인공들이 되기 위하여 돌아오는 여름 방학을 알차고 보람 있게 보내기를 바란다.

부천서교육통신 제43호(1999. 7. 1)

가두 행진

여의도 한강 둔치에서는 농민, 근로자 등 각계각층의 다양한 궐기대회가 자주 열린다. 정년단축 반대 전국교육자 총궐기대회 역시 지난 11월 21일 토요일 오후, 그곳에서 열렸다. 싸늘한 체감온도를 무릅쓰고 한강둔치를 꽉 메운 남녀노소 전국 교원 7만여 명은 교육부의 폭거에 맞서 분연히 떨쳐 일어날 때라고, 열정적으로 구호를 외치며 모처럼 뜻을 합쳤다. 식순에 따라 본 행사 뒤에는 국회 입구까지 항의 가두 행진을 했다. 나는 집이 멀어서 행진에는 참여하지 않고 여의도 노선버스를 한참이나 기다렸다가 탔다. 버스에 오르자 한 남자 승객이 내가 선생님인 줄 알았는지 날 쳐다보며 말했다.

"도로 신호등을 지키며 시위 행진하는 선생님들을 보니까 웃음이 나오네요."

듣고 있던 버스 운전기사도 얼른 거들었다.

"선생님들도 데모를 다 하네요."

"다른 데모 때는 버스 유리창으로 돌멩이도 날아와요."

항의 집회에서까지 선생님들은 질서의 본을 보인다며 다른 데모와는 사뭇 다른 교육자들 모습이라고 했다. 그러나 그 승객은 가두행진하는 교원들 모습이 어딘지 모르게 슬퍼 보인다고 했다. 그렇다. 교육자로서의 오랜 경륜 속에서 나타나는 당연한 모습들이다. 이 값진 모습을 경시하는 정부의 교원 정책.

요즘 세태에 교육의 본질이 와해되고 있는 물줄기가 아니기를 바란다.

한국교육신문 제1928호(1998.11.30.), '5백자 춘추'

정보화 사회의 국어 살리기 교육

우리나라는 1995년 8월 '정보화촉진기본법'을 제정했다. 이듬해 4월에는 일본보다 5년이나 앞서 정보화추진위원회가 설치되었으며 '99년 3월에는 정보화촉진기본계획인 'Cyber Korea 21'이 수립되어 초고속 광 통신망을 2002년도에 완료한다고 발표했다.

이는 일본이나 서구의 산업혁명 질곡에서 벗어나 지식정보화 혁명에서만은 선두가 되자는 우리 정부의 의지가 담긴 사업이었다. 그런데 이 계획은 2년이나 앞당겨졌다. 2000년도에 완료되어 "IT혁명의 최전선 한국을 가라!" 할 만큼 우리나라는 미국을 앞선 IT국가가 되었다.

따라서 교육 분야에도 교실에 멀티미디어 기기 보급, 전 교원 PC 보급, 전국의 모든 초·중·고등학교를 세계 최초 인터넷으로 연결하는 등 1단계 교육정보화 인프라 구축사업이 활발히 진행되었다. 그 결과 OECD의 2001년 6월 10일자 조사를 보면 캐나다를 앞질러 한국이 인터넷 사용 1위의 국가가 되었다.

교육인적자원부에서는 교육 상황의 미래상으로 중장기 비전을 첨단정보통신 기술을 활용한 교육의 효율화에 두었다. 지식정보와 사회 대비 창조적인 인재 육성을 정보화의 목표로 삼고 초·중등학교 교육과정에 정보화소양교육과정을 필수 및 선택으로 편성하도록 했다. 아울러 시범학교를 지정하고 사이버교육 확산을 위해 인터넷 경진대회 등 다각적인 사업을 추진하였다.

이어서 2001년 7월 20일, 교육환경개선 사업으로 '지식정보와 사회에 부응한 교육여건개선 추진계획'을 발표했다. 첫 번째 실천과제는 지식정보화 사회에 적합한 다양한 교수-학습 방법과 자료개발 보급, 즉 인터넷을 통하여 공유할 수 있도록 WEB형태로 개발 보급하여 ICT 활용수업을 10% 이상 하도록 한 것이다.

이는 토플러의 예견대로 한국이 아무리 좋은 특성을 가지고 있어도 이것을 교육이라는 과정을 거쳐서 갈고 닦지 않으면 경쟁력을 못 가질 것이란 데 대한 뜨거운 도전이었다.

김 대통령의 취임사에도 "교육의 성공 없이 경제의 성공, 국가 전체의 성공이 없다."고 했다. 즉 세계 일류국가와 경제를 이룩하는 기반은 세계 일류의 교육에서 비롯된다는 기본철학을 바탕으로 한

취임사였다.

이렇게 전국의 모든 학교가 인터넷으로 연결되고 전 세계와도 연결하는 세계 최고 수준의 정보 인프라 이용교육이 현실화 되었다. 이처럼 학교 교육의 질을 획기적으로 향상시켜 기존의 교육방식을 판이하게 바꾸어 놓고 있는 이때, 따라온 역기능은 학생들이 인터넷 활용을 통해 일탈된 국어사용을 매우 위험한 지경에까지 이르도록 확산시켜 가고 있다는 것이다. 이러한 현실은 참으로 개탄스럽기까지 하며 묵과할 수 없어 몇 자 제고하고자 한다.

교육의 대상인 학생들은 학교교육 외에 가정의 부모, 사회, TV, 매스미디어. 인터넷 등을 통하여 자라고 있으며 특히 오늘날 인터넷은 그중에도 큰 교육 세력으로 작용하고 있다.

이 상황에서 중·고생은 물론 초등 저학년 학생들까지도 온라인 공간을 이용하여 우리의 국어를 난무시키고 있다. 일탈된 언어를 일상적이고 자연스러운 것인 양 마구잡이로 사용하고 있는 것이다. 그런데도 국가의 미래를 약속하는 밑돌인 초등교육으로서 더구나 국어교육은 총 교과교육과정의 1/4 정도를 차지하는 제 1교과임에도 불구하고 그동안 우리 교육은 책무성(Education Accountability)을 가지고 체계적이고 제도적인 방법으로 올바른 정보 윤리 국어교육을 시행하지 못하였다.

사이버 테러, 바이러스 유포, 해킹 등에 대하여 정부에서는 법적으로 범죄를 인정하고 이를 위한 시급한 대책을 모색하며 교육현장에서도 인터넷 교육의 여타 장애 요인은 해결하려고 노력한다. 그러나 정작 학생들이 그렇게 왜곡·확대하여 사용하는 일그러진 우리말에 대하여는 웃기는 표현이라면서 이를 곧게 펴기 위한 적극적인 교육과 관심은 국가차원의 대책이나 행정적인 지침, 단위 학교장의 세부적인 교육계획 속에 없었다고 해도 과언이 아니다.

동방예의지국으로 지칭되며 무엇보다도 언어예절교육을 중시하던 우리 전통문화는 사라지고 사회문화적 역기능, 통신공간의 어지러움을 동반한 우리 언어 일탈은 실로 맞춤법과 문법, 언어규범을 익혀가는 초등학생들에게는 한심한 바이러스요 해커가 아닐 수 없다.

피(민족)보다 진한 것이 언어라고 하는데 미래의 우리 국어는 어떻게 될 것인가?

세계가 인정하는 한글의 우수성, 우수성…!

다음의 '2020년 초등학교 국어교과서' 풍자내용을 보며 우리 모두 무엇이 과제인지 생각해 보았으면 한다.

국어國語

철수는 학교에 갔습다. 운동장에 샘님이 계셨습다. 철수는 얼른 샘님께로 달려가 인사를 했습다.

"샘님, 아냐세여? ^^" "철수, 어솨요~." 그때 영희가 철수와 샘님이 있는 쪽으로 걸어 왔습다.

철수와 영희는 반갑게 인사를 나누었습다. " 철수, 하이루^^*"

"영희 방가방가~."

이때 왕따인 만득이가 고개를 숙인 채 옆을 지나갔습다. 만득이를 본 영희가 말했습다.

"저러니 왕따지, 졸라 재섭써." 샘님이 말씀하셨습다.

"그래 너희들은 졸라 인사를 잘하니 보기도 좋아여. 앞으로도 인사 잘하는 사람이 되세여."

철수와 영희는 큰 소리로 대답했습다. "옙."

생각해 볼 문제

1. 등장하는 인물 중 누가 인사를 젤 잘할까여?

① 왕따 만득이가 젤 잘한다 ② 당근 영희가 캡숑이다 ③ 젤 먼저 인사한 철수가 짱이다

2. 인사를 잘하지 않으면 어떤 결과가 올까여?

① 없는 자리에서 친구들에게 씹힌다 ② 만득이처럼 왕따당한다

③ 화상게시판에 합성동영상 올라온다 ④ 대통령 된다

위의 예시 문에는 선생님을 샘님으로, 재수없다를 재섭다 등으로 어법에 어긋나게 줄여 적기를 하고 있고, 짱이다, 캡송이다(매우 좋다), 졸라, 방가방가, 하이루 등 새로운 비속어나 신종어가 일상화된 채 표기되었다. 더욱 놀라운 것은 교사의 언어까지도 일탈국어로 자리 잡을 것으로 예상하고 있다는 것이다.

이러한 현상과 원인을 분석해보면 N세대들이 자아표출방식의 일환으로 정해진 것을 의식적으로 거부하는 일종의 포스트모더니즘 속성을 들 수 있다는 견해가 있고, 청소년의 흡연 이유가 '친구가 멋있게 피우니까 나도 멋있으라고 피운다.'는 것처럼 모든 학생, 청소년들이 그 조류에 휩쓸려 가고 있는 것이라고 볼 수 있다. 이유야 어떠하든 이런 돌이킬 수 없는 우리 국어의 바이러스 상황에서 학교교육의 책임자, 우리 교육자들은 어떤 역할을 해야 할까?

첫째, 백년지대계를 위한 교육자의 사명감에서 언어 예절교육을 중시한 적극적인 자세로 올바른 온라인 언어 사용을 포함한 정보윤리교육을 시행하여야 한다. 우리 아름다운 국어가 온라인상에서 정착 · 발전되도록 교육의 책무성과 사명감을 가지고 꾸준히 지속적으로 실시하여야 한다. 우리 교육자는 정책과 행정에 관계없이 본래 가야 할 교육의 길을 확고한 신념으로 가야만 하는 사명과 의무, 책임이 있지 않은가.

둘째, 인터넷 중독 예방교육, 국어를 사랑하는 교육을 예화 · 훈화를 통하여 학교차원에서 계획적으로 실시하고 7차 교육과정의 재량활동으로 창의적인 학급 교육과정을 구성하여 지도하는 방법을 모색한다면 훌륭한 실천 사례가 될 것이며 이를 적극 활성화시켜야 한다.

셋째, 가정과도 연계지도 되도록 부모들의 지속적인 관심을 유도하고 홍보하여 자녀의 올바른 언어 사용에 온 가족이 동참하게 하는 것도 중요하다.

이제 우리 교육이 정보화 사회 체제로 변환되어 수업도 상담도 온라인으로 이루어지는 현실이 도래되고 있다 할지라도 실제 교육은 학교에서 이루어진다. 그 안에는 교사와 학생이 존재할 수밖에 없기 때문에 교육자들은 ' 교육을 바로 행하기 위해 나는 얼마나 노력하고 있는가?' 자문해야 한다. 때마다, 일마다 진지하게 스스로 제기하여 올바른 지식의 전달과 능력을 길러주는 교육적인 삶이 일상화 되어야 한다.

그때 우리의 일탈된 국어도 제 궤도로 돌아오게 될 것이다.

교육평론(教育評論) 통권111호(2002년 2월호), '기획논단'

아프고 힘든 별이 쉬고 있어도

－박신섭 경기도교육청 교육국장님 시절－

지금도 광교산 자락 경기도교육청에서는
이 모양 저 모양 염원의 손짓이 바람 소리 내겠지요.

월드컵 함성 한반도 대한민국 흔들던 그해,
9월 초이틀부터 사정없이 휘몰아쳐 온 경기도교육청 '임강'타결
우수수 가랑잎 떨어 내리듯 시린 바람이었지요.

그때 경기도교육청 교육국장님, 당신의 가슴에는
분명코 아프고 힘든 별이 쉬고 있었습니다.
그러나 그 고통 젖히시며 모두의 가슴을 보듬으셨고
언제나 노여움도 적당한 부드러움으로 포용하시며
거친 분노마저 쓸어내리시어 서릿발을 봄날로 만드셨지요.

골골마다 소리 없이 보여주셨던 덕행의 향기
시린 바람 힘들어도 옷깃 여미고
숨 가쁘게 돌아가는 기계 소리도 잠시 멈춰 휴식하였습니다.

이제 우리 모두 말하지 않아도
국장님께 아름다운 꽃다발 한 아름씩 드립니다.

새로운 희망을 열며 (2004. 수지고등학교)
-박신섭 교장 정년퇴임 기념-

서강대 교육대학원생들이여!

– 끈을 조이며 희망으로 일어서서…

끈을 조이며 희망으로 일어서서…
우리는 서강대학교 교육대학원의 가족입니다.
수많은 대학원 중 단 하나의 요람에서 둥지를 틀고 있습니다.
그 가족으로 오늘을 살며 희망을 숨 쉬고 있습니다.

좋은 생각으로 높은 이상을 꿈꾸는 서강 원생들이여!
어제 맨 끈은 오늘 느슨해지기 쉽습니다.
내일은 풀어지기 쉽습니다.
그래서 오늘도 내일도 결심의 끈을 조여야 합니다.

풀어진 결단의 매듭을 조이고
새로운 희망으로 숨 쉬는 활력인이 됩시다.
2005년의 기회를 사용합시다.

진인사 대천명은 은총의 날개를 덮어 주실 것입니다.

서강대 교육대학원에 몸담은 공동체
모두의 기대와 계획과 이룸이
우리의 상상을 뛰어넘을 것입니다.
여러분 모두를 사랑합니다.

서강교육(2004년 제2호, 서강대학교 교육대학원) '발간시'

내 인생의 실수

-스무 살 시절-

초임 시절에 가르쳤던 제자가 전화를 걸어왔다. 반창회를 하는데 친구들이 선생님을 뵙고 싶다고 하니 시간을 내어 달라고 했다. 그 아이들을 생각하니 나도 스무 살 그 시절로 되돌아가는 듯 마음이 설레었다.

학무과에 들어서는 나이 40줄 바라보는 제자의 모습은 약속이 없었더라면 알아보지 못했을 것 같았다.

"선생님, 절 받으세요."

열 살배기로 돌아간 제자는 다짜고짜 고양교육청 학무과 시멘트 바닥에 엎드려 큰절을 하려 들었다. 말리면서도 세상을 다 얻은 것 같은 선생의 보람을 느꼈다.

그날 저녁 인천 송도횟집에는 30여 년 전 사제지간의 추억담이 꽃을 피웠다. 연신 웃음이 쏟아지는 행복한 시간이었다. 그런데 15톤 대형 트럭 운전을 한다는 제자의 말에 긴장감이 돌았다.

"선생님, 선생님이 1학년 담임하셨던 현주라고 아시지요?"

"응. 달리기도 잘하고 똘똘하게 공부도 잘했던…. 곱슬머리였지 아마."

"네, 맞아요. 그게 제 여동생인데요. 저 가르치고 그 다음 해 제 동생을 담임 하셨거든요. 그때 선생님께서 저 보고 '너 같은 애가 현주 같은 동생을 두었냐?' 그러셨어요."

그 말을 듣는 순간 쿵! 나락에 떨어지는 소리가 들리며 내가 그런 말을 했을까 어이가 없었다.

"사실 저는 공부도 못하고 말썽만 피웠거든요. 헤헤~."

당연했다는 듯 말하고 있었지만 나의 입안에 든 회 맛은 금방 가셨다. 설상가상으로 인천상수도사업소에 근무한다는 제자의 말이 또 이어졌다.

"선생님, 전 3학년 때 홍역을 했어요. 어머니가 학교를 못 가게 해서 2주일이나 결석하고 학교에 나오니 다른 과목은 따라가겠는데 처음 나오는 나눗셈은 영 이해를 못 하겠더라구요. 그때 선생님이 뭐라고 하셨는지 아세요?"

"……?"

긴장하면서 다음 말을 기다렸다.

"넌 손에다 쥐여 줘도 모르냐? 그러셨어요."

이제 아뜩하다 못해 졸도하고 싶은 순간이었다. 내 얼굴이 얼마나 해쓱해졌는지 미장원을 경영한다는 제자가 눈치를 챘다. 위로의 추임새를 넣었다.

"야, 나는 생님이 잘해 주신 것만 생각난다."

"야, 야야, 너는 가만히 있어봐!"

다시 나를 바라보는 눈빛이 할 얘기가 남아있는 것 같았다.

'스무 살 시절에 열정만 가지고 천방지축으로 뱉었던 말이 이렇게 어린 마음을 아프게 했었구나.'

총알로 맞은 상처는 아물지만 입으로 맞은 상처는 평생 간다더니, 30년 전 일을 그들은 기억하고 있었다.

다시 되돌릴 수만 있다면 가슴 따뜻하게 피그말리온 효과를 주는 말만 할 것 같았다.

판사의 판결을 기다리는 죄인 같은 심정으로 제자의 얼굴을 쳐다보았다.

"그런데요, 선생님! 선생님은 절 '나머지 공부' 시켜서 그여히(기어코) 알 때까지 가르쳐 주셨어요. 그리고 선생님은 여자 선생님이었지만 우리들에게 꿈을 갖도록, 원대한 시야를 바라보도록 가르쳐 주셨던 것 같아요."

"예, 맞아요. 3학년 때 선생님인데도 그래서 생각이 많이 나요."

그나마 끝말에서 겨우 안도의 숨이 쉬어지면서 다시 즐거운 시간을 보낼 수 있었지만 지금도 마음이 아리다.

희망경기교육 2007-11(경기도교육청)

북유럽 민들레 갓털 되어

세계 일류를 지향하는 글로벌 인재 육성을 담당한
〈희망경기교육21〉 경기도교육청제2청 206-1호 SAS 탑승자 25인
유치원, 교실수업개선, 특기적성, 특수교육 깃발 나부끼며
행복한 동행되어 한반도 밖 북유럽 십자가국기 네 나라 원정 나섰다

유치원 종일반교육 · 보육 서비스 연구 수행
신바람 주는 교실 수업 중심 교단 풍토 정착
자율성 · 다양성 · 개방성 특기적성 방과 후 선진교육
자립과 통합 사회복지 특수교육 보람 탐방이 목적이었으니

탑승원 모두 〈희망경기교육21〉 순항의 돛 되리라고

먼 지구 반대편 선진 사회 교육 문화의 창 열어 보리라고
한 점이라도 캐자, 더 찍자! 교육비전 열정으로 지게 가득 싣고 보니
변화와 혁신 생각의 문이 열리고 통로가 보였다

조선왕가 해학으로 일행의 담장 허물고 마음 나누며
시야마다 벅차오르는 천연자연 경관의 감동과 희열!
사회복지 철학으로 존재하는 삶의 사유와 여유 체감
이국 문화 역사 정취, 생활 속의 미감 한껏 환희를 누렸다

이제 우리 모두 북유럽 민들레 갓털 되어 희망경기교육에 날아간다
240시간 즐겁던 그날 느껴온 모습대로 글로벌 무한경쟁 선도자 된다
경기교육요람 행복한 둥지에서 멀리 나르는 우리의 새들을 키우며
아름다운 만남 정겨운 이웃되어 훗날까지 함께 노래할 친구가 되었다

2006유공교원 북유럽교육 · 문화체험연수보고서(2006. 6. 5) '발간 시'

지영이의 벽돌 한 장

지난여름 친구들 넷이 여행자 클럽을 따라 강원도 화천 비수구미 마을 관광을 다녀왔다. 비수구미 길을 따라가는 도중 화천읍 동촌리의 북한강에 위치한 평화의 댐을 들렀다.

차에서 내리자 큼직한 화강석에 새긴 '평화의 댐' 검정색 네 글자가 반겼다. 푸른 산으로 둘러싸인 아늑한 곳에 전시관, 평화의 종, 비목공원, 깨끗한 화장실 등이 잘 조성되어 있었다.

통일의 염원을 담아 평화의 종을 울려보았다. 6 · 25참전용사 기념비 앞에서는 희생된 국군을 기리는 묵념 대신 사진도 찍었다. 그러나 평화의 댐은 우리나라 댐 중 제일 높다지만 정작 이름만 댐이지 흔히 생각하는 저수 댐이 아니었다. 온 국민이 성금까지 모아 만든 이 댐은 계곡에 거대한 콘크리트 구조물로 비스듬히 누워 있었다.

그 모습이 마치 스핑크스 같은 형상으로 느껴졌다. 가까이 갈 수 없는 댐을 먼발치에서 바라보며 나는 30여 년 전, 송신 학교 근무 시절 제자 지영이를 떠올렸다.

1980년대 초반, 북한은 88서울올림픽을 방해하기 위해 금강산댐을 건설하고 수공水攻을 해 올 것이라고 했다. TV, 신문에서는 연신 위협적인 보도를 했다. 금강산댐을 만들어 200억 톤의 물을 터뜨리면 서울은 물바다가 되고 63빌딩도 반 이상 잠길 거라고 했다. 아웅산 폭파사건, KAL기 격추사건 등 북한의 적대적 도발이 감행되어 위기감이 있었던 때였다.

물바다, 얼마나 무시무시한 일이냐며 반드시 이를 대응하기 위해 우리도 평화의 댐을 건설해야 한다는 공감대가 전국에 이뤄지고 있었다. 막대한 공사비의 일부분은 국민 성금으로 충당해야 한다고 모금사업도 활발했다. 따라서 초등학교 학생들까지도 동참하라는 지시가 내려졌던 것 같다.

그때 나는 2학년을 담임하고 있었다. 아홉 살배기 반 아이들에게 엄청난 수공 위력 금강산댐에 대비하려면 평화의 댐 건설이 필요함을 그들 눈높이에 맞춰 설명했다. 불안감이 고조되는 듯 아이들은 눈을 반짝이며 들었다.

"그러니 여러분들도 정성을 모아야 해요!"

돼지저금통을 털어서라도, 벽돌 한 장 값만이라도 평화의 댐 건설에 보태는 우리가 되자고 했다. 그렇게 반공교육, 성금 모금 교육을 한 이튿날이었다. 우리 반 60명이 넘는 아이들은 고사리 같은 손에 평화의 댐 성금을 들고 교탁 앞에 줄을 섰다. 누구 얼마, 누구 얼마 학급경영록 방위성금 쪽에 기록했다. 합계를 내보니 꽤 되었다. 그런데 지영이 이름란은 백지로 남아있었다. 책상 자리를 보니 역시 비어 있었다. 엄마가 없고 건설현장에서 노동하는 아빠와 살고 있는 지영이. 여자 이름 같지만 착하고 구김살이 없는 남자아이였다.

'왜 안 올까? 무슨 일 있나….'

아이들에게 물어도 모른다고 했다. 다른 애와 달리 걱정이 되었다.

첫 시간 수업이 한참 진행되고 있을 때였다.

드르륵 뒷문 열리는 소리가 났다. 모두 뒤를 돌아보았다.

"선생님, 지영이 왔네요!"

반가웠다. 그런데 뒷문에 선 지영이 한 손에는 책가방을, 한 손에는 시멘트 벽돌 한 장을 가슴에 기대어 받쳐 들고 있었다. 순간 어이가 없었다. 어제 했던 말이 내 귀를 울렸다.

'벽돌 한 장 값만이라도…….'

부드럽게 물었다.

"왜 이렇게 늦었어?"

"아빠 공사장에 들러 오느라고요."

대답하는 지영이의 눈이 반짝였다. 아버지가 모서리 반듯한 흠집 없는 벽돌을 골라 먼지를 털어서 줬다고 했다. 골라준 그 잘생긴 벽돌을 안고, 먼 학교길 혼자 걸어오면서 무슨 생각을 했을까. 지각에 발걸음을 재촉하면서도 뿌듯했을지도 모른다. 그야말로 작은 가슴에 큰 평화의 댐을 안고 온 것이었다. 교탁 위에 자신 있게 내놓는 그 벽돌을 보고 반 아이들은 모두 큰소리로 깔깔댔다. 어떤 아이는 지영이를 향해 소리까지 쳤다.

"성금을 내야지 벽돌을 가져 오면 어떻게 해."

지영이는 어안이 벙벙한 채 자리로 들어갔다. 나는 벽돌을 가슴에 대고 말했다.

"이 벽돌 한 장은 누구보다도 순수한 지영이의 애국심예요, 지영아, 무거운데 애썼다."

아이들은 말귀도 못 알아들었다고 선생님한테 혼날 줄만 알았는데 의외라고 여기는 것 같았다. 눈을 동그랗게 뜨더니 웃음을 그치고 곧 조용해졌다.

그때 지영이가 가져왔던 벽돌색으로 침묵한 채 비스듬하게 누워 있는 평화의 댐.

나라를 걱정하면서 댐 사업이야 말로 우리가 가야 할 평화의 길이정표라고 가르쳤는데, 그렇게 엉뚱한 모습으로 나를 맞다니….

지금 생각해도 지영이가 안쓰럽고 미안하고 고맙다.

'어린것이 가방 들고 벽돌 들고 공사장에서 학교까지 얼마나 무거웠을까.'

어느 하늘 아래에서 그 지영이가 가정을 이루어 평화롭고 행복한 삶을 누리길 기원할 뿐이다.

사랑의 일기 살려야 한다

2010년 교장으로 퇴직 후 (사)인간성회복운동추진협의회 사랑의 일기쓰기 지도위원으로 위촉을 받았다. 그 후 매년 사랑의 일기 공모 작품 심사를 했다. 심사 때마다 솔직하고 아름다운 인간성이 보이는 일기는 내게 신선한 충격을 주었다. 조부모 부모를 경애하는 예쁜 효심, 불우한 이웃을 섬기는 착한 심성, 동물이나 곤충을 사랑하는 순수한 의인화의 일기, 친구를 배려하는 마음 등 그런 일기를 읽을라치면 마치 보석을 발견한 듯 기쁨과 감동이 일어왔다. 물론 공모를 의식하고 쓴 것은 아니었다. 그러나 인간성회복운동 추진협의회 사랑의 일기쓰기 의도에 적중된 일기였다. 또한 교사들의 정성스런 도움말 써주기, 학부모들의 다 쓴 일기장 보관 관리 등도 대단했다.

그런 일기가 120만여 편 보존된 '사랑의 일기 연수원'을 2년 전 일기쓰기 지도위원들과 함께 다녀왔다. 폐교된 충남 연기군 금석초등학교 건물을 활용하고 있는 그곳은 일기 박물관이기도 했다. 들어서자 연수원 정문에는 대한민국 2014년 우수브랜드 상 수상 홍보 플래카드가 붙어있었다. 연수원 구석구석 일기 보존의 애정 어린 사명이 가득 차 있음을 인정받았다고 생각했다. 그런데 방방 실실 보존되고 있는 일기들을 둘러보면서 일기들의 소중함에 비해 보관 실태가 아쉬웠다. 관리운영비의 부족을 느꼈다. 그러나 퇴색되어 너덜하기조차 한 학생들 일기장 안에는 효와 충과 이웃사랑과 그들 삶의 고백이 들어 있었다. 바티칸 박물관 시스틴 성당 미켈란젤로의 〈천지창조〉 천장화처럼 연수원 천장에서도 일기 작품들은 우리를 맞아주었다. 그 기록의 주인공들은 우리나라의 동량이 되어 있고 이곳 일기 박물관을 찾곤 했다. 시작이 반이란 말처럼 이 사랑의 일기 연수원의 일기 기록 보존은 대한민국 학생일기 역사를 이미 반 이상 세워놓은 웅비의 기틀이라고 해도 좋았다. 우리나라 초중고 학생들의 꿈과 아름다운 삶의 정신이 한데 모여 있는 곳! 이만큼 수집되었으니 전문가의 연구에 의해 시스템 갖춘 박물관으로 보존 진열하고 전시 된다면 얼마나 좋을까 하는 아쉬움을 안고 돌아왔다.

그런데 그 아름답던 사랑의 일기 연수원이 금년 가을 수습하기 어려운 폐허지로 전락되었다. 직접 가보진 못했으나 2016년 사랑의 일기 시상식전 동영상에서 6 · 25가 휩쓸고 간 잿더미를 연상케 하는 현장을 볼 수 있었다. LH 건설계획에 의해 절차 협의 없이 이루어진 일이었다. 따라서 중장비의 흙먼지 속에 지적 재산인 그 소중한 일기들이 시멘트 건축 폐기물같이 흙더미 속에 무참하게 묻혀졌다. 그 후 매장된 일기장을 찾으러 온 학부모와 학생들. 일기 발굴을 협조하겠다고 제주에서까지 온 시민도 있었다. 펑펑 우는 사람도 있었다. 우선 문제는 넓은 땅속에 묻혀진 일기를 모두 꺼내는 일. 일기장 탐지기가 있어야 될 일 같았다. 그렇게 가슴 아픈 사연을 담은 영상이었다.

우리나라는 일기 기록문화의 나라다. 이순신 장군의 ≪난중일기≫가 보전되었기에 임진왜란 국난 당시 역사를 바로 알 수 있다. 또 ≪조선왕조실록≫이나 ≪승정원일기≫가 유네스코 세계기록 유산에 동일 역사라는 논란을 받으면서도 ≪승정원일기≫의 가치를 인정받아 2개씩 등재된 것만 보아도 그렇다. 더구나 안전한 보존을 위해 전국에 분산 보관 관리했던 조상의 지혜! 우리는 결코 소홀히 넘길 수 없다. 이처럼 기록과 보존의 중요성은 말하지 않아도 안다. 그런데 사랑의 일기 연수원에 소장되었던 일기들이 갈 곳을 모르고 있다. 파릇한 새싹들의 손으로 쓴 그림일기에도 버릴 수 없는 소중한 역사가 들어있다. 이 시대 교육적 가치가 나름대로 담긴 살아있는 사료들이다. 그 시대 교육의 산물이 보존되고 밑받침되어 증거될 때 살아 숨 쉬는 역사가 된다. 그리고 대대손손 전승되는 것이 그 나라의 자부심이요 전통역사이다. 그렇다면 사랑의 일기 연수원에 보존되었던 일기는 얼마나 귀중한 산물인가. 하찮은 1회용 환경미화물이 아니다. 정치 사회 경제 교육 문화 예술의 숨결이 통합되어 연대 별 학교 교육내용과 목표, 삶의 가치관이 녹아있는 교육연혁 자체다. 자랑스러운 이 나라의 유일한 일기 역사박물관으로 정립 신설하여 세종 사랑의 일기 모두를 찾아 전시 보존 될 수 있어야 하겠다. 그리고 길이 보전하여 우리나라 우리민족 교육의 변천사에 뿌리 찾기 사료로서 공헌 · 기여하도록 자리매김을 해줘야 한다.

이를 숭고한 교육역사 계승 자료로 볼 줄 아는 통 큰 기업을 기대해 본다.

세종매일 제1130호 11면(2016.12.16.) '특별기고'

조춘호 수필집

선무당 가위질

인쇄 2018년 2월 7일
발행 2018년 2월 13일

지은이 조춘호
발행인 서정환
펴낸곳 수필과비평사
주소 서울시 종로구 삼일대로 32길 36(익선동 30-6 운현신화타워 빌딩) 305호
전화 (02) 3675-3885, (063) 275-4000 · 0484
팩스 (063) 274-3131
이메일 sina321@hanmail.net essay321@hanmail.net
출판등록 제300-2013-133호
인쇄 · 제본 신아출판사

ISBN 979-11-5933-155-8
값 13,000원

Printed in KOREA